V

CALLISTHÉNIE,

ou

SOMASCÉTIQUE NATURELLE,

APPROPRIÉE A L'ÉDUCATION PHYSIQUE

DES JEUNES FILLES.

CALLISTHÉNIE,

OU

SOMASCÉTIQUE NATURELLE,

APPROPRIÉE A L'ÉDUCATION PHYSIQUE

DES JEUNES FILLES,

ET

EXPOSÉ DE MOYENS EFFICACES POUR CORRIGER EN PEU DE TEMPS LES DÉVIATIONS DE LA COLONNE VERTÉBRALE,

OCCASIONNÉES PAR UNE ACTION IRRÉGULIÈRE DES MUSCLES;

PRÉCÉDÉS

DE L'ÉDUCATION PHYSIQUE DE LA PREMIÈRE ENFANCE, ET SUIVIS DU TRAITEMENT ET DE LA GUÉRISON DE DEUX ENFANTS RACHITIQUES.

PAR P.-H. CLIAS,

ANCIEN CAPITAINE, SURINTENDANT DES EXERCICES SOMASCÉTIQUES MILITAIRES ET DE LA MARINE, AU SERVICE DE SA MAJESTÉ BRITANNIQUE.

BESANÇON.

CHARLES DEIS, IMPRIMEUR-LIBRAIRE,

GRANDE-RUE, 43.

1843.

A MADAME
LA COMTESSE DE CLERMONT.

Madame,

Ma première pensée, en terminant cet ouvrage, a été de le faire paraître sous vos auspices. Ce qui m'a inspiré ce dessein, c'est le désir de mériter le suffrage d'une personne qui, distinguée par ses éminentes qualités, s'est consacrée tout entière à l'éducation de ses enfants et au soulagement de l'humanité.

Daignez agréer, Madame, *les sentiments respectueux de*

Votre dévoué serviteur,
CLIAS.

INTRODUCTION.

L'IDÉE de favoriser le développement physique des jeunes filles par des exercices appropriés à leur constitution, n'est pas neuve; mais elle n'a reçu jusqu'à présent qu'une application restreinte et incomplète (1).

---

(1) Il n'est pas permis de mentionner avec éloge l'établissement formé à Paris, il y a quelques années, par un professeur gymnasiarque, pour la guérison des jeunes filles difformes. Que pouvait-on espérer d'un traitement orthopédique dirigé par un homme incapable de conduire, même en sous-ordre, une entreprise semblable?

Les exercices de voltige qu'il faisait exécuter sur un cheval de bois à toutes les élèves indistinctement qu'on lui avait confiées, ont prouvé son incapacité; et le bon sens du public a fait justice de ces jongleries.

Malgré cela, c'est encore d'après la méthode de ce docteur improvisé que l'on fait faire aux jeunes filles, dans plusieurs pensions de la capitale et ailleurs, des exercices gymnastiques sans aucune modification; et ce qui appartient exclusivement au domaine de la médecine est encore abandonné aujourd'hui, avec la plus grande indifférence, à des gens sans expérience, même à des empiriques avides.

C'est donner aux gens de bon sens une idée peu favorable de la gymnastique, que de les rendre témoins des exercices violents introduits dans les pensions et exécutés par des jeunes filles ordinairement délicates. La descente et l'ascension de l'échelle à rebours, sans l'aide des pieds, les mains fixées aux

INTRODUCTION.

Étendre la sphère où elle s'exerce, préciser et coordonner les moyens dont elle dispose, en propager la connaissance et en faciliter l'emploi : tel est le but de cette publication. L'auteur s'est imposé une tâche difficile et délicate ; on a le droit de lui demander quels sont ses titres à la confiance publique, et par quoi se recommandent les innovations exposées dans son ouvrage.

échelons ou aux deux côtés ; le mouvement saccadé que font pour s'enlever alternativement, en se fixant par les mains à une corde à nœuds, deux élèves de force inégale et rarement du même poids ; l'exercice hideux, nommé la sirène : tout cet ensemble de pratiques auxquelles on assujétit les jeunes filles, présente des dangers même pour des jeunes gens forts et vigoureux.

D'après ce qui précède, on ne doit pas s'étonner de voir, dans les gymnases publics de France, les élèves du directeur dont il est ici question, descendre ou grimper à un câble, à une perche, la tête en bas, sauter en arrière depuis le portique, faire le saut périlleux, les bras fixés aux barres parallèles, prendre la position sur les reins au parallélogramme que le directeur appelle trapèze. A la vue de ces tours de force, dignes des bateleurs qui amusent la foule, on ne peut trouver, pour peu qu'on connaisse les exigences de l'éducation physique, dans la méthode du professeur galonné, qu'une véritable caricature de la vraie, de l'utile gymnastique.

Parcourez les deux gros volumes que le professeur appelle son petit ouvrage, et dites si les précautions qu'on y recommande, si les appareils placés sous les échafaudages pour neutraliser les chutes, les anneaux auxquels sont attachés les élèves lorsqu'ils exécutent un exercice un peu difficile, ne sont pas plus propres à effrayer qu'à rassurer les élèves et leurs parents ; dites si les accidents graves ne sont pas inséparables de l'apprentissage de cette gymnastique.

INTRODUCTION.

C'est pour répondre à ces justes exigences, qu'il présente au lecteur les renseignements que voici :

Ami dévoué de l'enfance, dont il étudiait les instincts afin de les diriger convenablement, l'auteur crut s'apercevoir tout d'abord que la généralité des jeunes gens aime les exercices corporels. C'est ce goût bien prononcé de ses jeunes élèves pour la somascétique, qui lui suggéra l'idée de créer à leur usage de nouveaux exercices.

En 1806, il établit le premier triangle à Groninguen, chez M. Muishe, consul de Danemarck;

En 1807, à Heerenvoen en Frise, chez M. le préfet Héloman;

En 1808, à Amsterdam, chez M. Vischer, lieutenant-général de police;

En 1809, à Schwauensée, Mecklembourg, chez M. Hesler, ministre de Suède;

En 1810, à Oldenbourg, chez M. le baron Jagersfeld, où se trouvaient les petits-fils du maréchal Blücher;

En 1811, à Gotstad (Suisse), dans l'institut de M. le pasteur Zhender.

Lors des dissensions civiles de la Suisse, en 1814, l'auteur, alors officier d'artillerie légère, avait été envoyé avec un détachement à Interlaken. Craignant que l'inaction n'abâtardit ses soldats, il imagina de les soumettre à des exercices réguliers, d'ajouter à leur force, à leur adresse, par la lutte, la voltige, la natation et plusieurs autres exercices. Les militaires des cantonnements voisins se joignirent bientôt à eux. La foule toujours croissante des habitants se portait sur leurs pas ; les bergers les plus forts, les plus adroits jouteurs des hameaux accouraient à ces luttes amusantes.

Plus d'une fois provoqué, l'auteur, qui a toujours eu à cœur d'offrir en même temps le précepte et l'exemple, descendit dans l'arène avec les plus habiles. Il ne tarda pas à s'apercevoir du développement surprenant de ses organes musculaires et de l'augmentation de l'énergie vitale. Il comprit dès lors tout le parti qu'il pouvait tirer de la somascétique pour arracher ses concitoyens à l'état de torpeur où ils étaient alors. Ses efforts fixèrent l'attention du gouvernement, et il fut attaché à l'académie de Berne comme directeur des exercices somascétiques.

En 1816, il publia en allemand son premier ouvrage sur la gymnastique. Cet ouvrage fut traduit en italien par le colonel Young, alors gouverneur de l'école militaire de Milan, et la méthode du professeur de Berne fut introduite en Autriche. Tandis qu'en France, à la même époque, la gymnastique naissante était dirigée par un professeur vêtu d'un uniforme bleu-de-ciel, galonné en argent, précédé de deux trompettes qui annonçaient ses exercices (1), mais incapable de faire apprécier ses préceptes par l'exemple, Berne possédait déjà l'établissement de somascétique le plus complet de l'Europe. A cette époque, on y enseignait presque toutes

---

(1) Pension Durdens, rue d'Orléans.

les branches de la somascétique méthodique : les armes, la danse, la natation, la voltige sur le cheval vivant, l'équitation, la conduite des chars, le tir des armes à feu. C'est de cette école normale que sortirent les moniteurs destinés à transmettre la méthode dans les instituts de Pestalozi, de Fellemberg, ainsi que dans la plupart des cantons de la Suisse où elle se répandit rapidement.

En 1819, l'auteur publia à Paris, en langue française, son *Cours élémentaire de Gymnastique* (1), et un rapport avantageux fut fait sur l'ouvrage par une commission nommée par la faculté de médecine de Paris pour l'examiner. La même autorité a fait insérer dans le *Dictionnaire des Sciences médicales*, tom. 52, art. 1er, une analyse complète de l'ouvrage du professeur de Berne.

A cette époque, il n'avait encore paru en France

---

(1) Cet ouvrage aurait pu servir de guide à l'homme qui débutait alors en France, sans principes, sans expérience, incapable de démontrer par l'exemple, s'il avait voulu étudier et suivre régulièrement la méthode approuvée par le juge le plus compétent, la faculté de médecine de Paris; mais cette méthode fut honteusement et maladroitement pillée. De 90 figures qu'elle contient, le professeur galonné s'en appropria 50, sans y changer la moindre chose. Chacun peut aisément reconnaître le plagiat (voyez *Gymnastique élémentaire*, par Clias, Paris, 1819, chez Colas, imp.-lib.).

La plupart des exercices reçurent en même temps de nouveaux noms et une fausse application, parce que le gymnasiarque ignorant ne les comprenait pas et ne pouvait en exécuter aucun.

aucun ouvrage didactique sur la somascétique, excepté une traduction littérale de l'excellent ouvrage de Gutsmush, *Gymnastique de la jeunesse*. Ce fut dans le même temps que le gouvernement de Berne confia à l'auteur l'instruction de trois compagnies de voltigeurs, lui laissant la liberté de les exercer à sa manière. Les résultats qu'il obtint dépassèrent tout ce qu'on pouvait raisonnablement attendre.

L'application de la nouvelle méthode à l'éducation physique des troupes attira l'attention de plusieurs officiers supérieurs anglais, et valut à M. Clias un appel en Angleterre, où il fut accueilli de la manière la plus distinguée. Il fut nommé par sa majesté britannique capitaine surintendant des exercices somascétiques pour le militaire et la marine.

Sa méthode se répandit rapidement dans tout le royaume ; et tandis que depuis vingt-cinq ans on fait en France des efforts inutiles pour établir la somascétique sur des bases solides, six années et la centième partie des frais employés en France pour cet objet, ont suffi pour la nationaliser dans toute l'Angleterre, ainsi que dans les États-Unis d'Amérique, où plusieurs élèves formés à Londres l'ont importée.

Appelé en Angleterre, en 1821, pour y introduire sa méthode dans l'armée et dans la marine, l'auteur publia en 1823 un Manuel pour servir de guide aux moniteurs formés par lui. Cet ouvrage eut trois éditions en deux ans. De retour en Suisse, il introduisit sa méthode de callisthénie, à Berne, dans plusieurs institutions de filles, et publia en 1828 sa *Callisthénie* en allemand. Cet ouvrage eut en Allemagne le même sort que la *Gymnastique élémentaire* eut en France : Werner copia l'ouvrage d'un bout à l'autre, et eut l'impudence d'en faire hommage à une princesse; plusieurs journaux, en signalant ce larcin, ont fait justice de cette turpitude.

C'est par l'extrême faiblesse des femmes, dit Rousseau, que les hommes dégénèrent. Lycurgue avait senti le premier cette importante vérité : ce législateur, considérant que de toutes les fonctions attribuées à la femme, la plus noble et la plus importante est la propagation de l'espèce humaine, les esclaves seuls furent chargés des travaux qui, dans d'autres parties de la Grèce, étaient le partage du sexe le plus faible. Il pensait que la femme libre peut seule donner naissance à des hommes libres, et que la vigueur des enfants se lie nécessairement au développement physique et moral des femmes; en conséquence, il voulut que les exercices du corps fissent partie de l'éducation des jeunes filles.

Si l'on considère encore aujourd'hui la grande influence qu'exercent les femmes dans tous les pays civilisés, on sera convaincu que c'est de leur bonne éducation que dépendent la prospérité d'un état, la pureté des mœurs d'une nation, et par conséquent le bonheur domestique des familles (1).

---

(1) C'est l'union de la force corporelle avec la vigueur mentale, qui donne à la population mâle des États-Unis d'Amérique

Les femmes, dit Thomas, élèvent, corrompent, réforment ou amollissent les hommes. L'histoire de tous les temps, et en particulier celle des différentes nations qui ont joué un rôle brillant à diverses époques, nous prouvent que c'est dans les pays où les femmes ont joui d'une grande influence, que la civilisation a fait les progrès les plus rapides, et qu'au contraire, partout où elles ont perdu leur empire naturel, les hommes languissent dans l'esclavage ou croupissent dans une honteuse dépravation. Mais, quoique ces vérités soient généralement reconnues, l'éducation physique des femmes n'a encore fait que très peu de progrès parmi nous.

Dans un grand nombre d'instituts, ainsi que dans la plupart des familles, on ne s'occupe exclusivement que des facultés intellectuelles ; l'éducation physique est pour ainsi dire nulle. Les jeunes filles sont astreintes à un genre de vie tellement sédentaire, que les plus faibles sont toujours maladives. On les voit dépérir ; et ce dépérissement tient sans doute à la surexcitation habituelle du cerveau. Cet organe acquiert, par l'exercice de la pensée, un développement et une énergie extraordinaires, les facultés intellectuelles deviennent puissantes ; mais cet avantage est tristement compensé par l'état de

---

cette singulière énergie de caractère qui, dès l'enfance de ce pays, obtint un si brillant éloge de l'orateur anglais M. Burke.
(*Voyage dans les États-Unis d'Amérique*, par miss Wright.)

langueur du système musculaire, joint à une grande mobilité nerveuse (1).

Nous voyons chaque jour des jeunes filles douées d'une santé florissante contracter, dans les pensions où elles sont élevées, le germe d'un grand nombre de maladies chroniques; elles en sortent souvent avec des déviations commençantes de la colonne vertébrale. Nous le demandons : Est-il un moyen plus puissant et plus salutaire que la gymnastique pour remédier à ces maux déplorables ? Il est plus important qu'on ne le croit généralement de s'occuper de bonne heure de l'éducation physique des jeunes filles. C'est à cette éducation, sagement dirigée, qu'il est donné de neutraliser l'action des causes internes qui amènent insensiblement les déviations de la colonne dorsale.

« Je regrette souvent, dit miss Wright (*Voyage aux* » *États-Unis d'Amérique*), qu'en élevant les femmes

---

(1) Nous savons que l'exercice continuel accroît la force; mais, avant d'agir, le cerveau a besoin de percevoir, comme les sens d'observer, et par conséquent les facultés physiques doivent jouir de toute leur énergie. L'activité cérébrale, lorsqu'elle est isolée, peut constituer des rêveurs profonds; mais il faut posséder d'autres qualités pour être propre à l'observation de la nature, pour recueillir des faits à travers mille dangers et au prix des plus grandes fatigues. Tous les organes n'exercent-ils pas les uns sur les autres la plus grande influence, et cette influence ne les fait-elle pas participer tous à l'énergie aussi-bien qu'aux lésions de quelques-uns d'entre eux?

(FOURNIER, *Dictionn. des Sciences médic.*, *Orthopédie.*)

» on apporte généralement si peu d'attention aux exer-
» cices du corps ; renforcer le corps, c'est donner de
» la vigueur à l'âme ; et Dieu sait que notre sexe a
» grand besoin d'avoir l'un et l'autre forts. Nées pour
» endurer les plus tristes disgrâces de la fortune, on
» énerve notre constitution et notre esprit, comme si
» l'on craignait que la tempête ne fondît pas assez ru-
» dement sur nous. »

Si l'on veut que l'organisation physique des femmes devienne assez forte pour résister aux orages qui les attendent inévitablement dans le monde, et dans les diverses positions sociales, il faut qu'elles y soient préparées de bonne heure par une éducation propre à développer simultanément l'intelligence et le corps. Comment, par exemple, les femmes d'une constitution faible et habituées dès leur enfance à un exercice à peine suffisant pour un convalescent, pourraient-elles se livrer à la danse plusieurs heures de suite sans aucun inconvénient ?

Cet exercice, pris dans un local où l'on respire un air vicié, est plus nuisible qu'avantageux pour la santé ; et le désir de plaire, de briller par la toilette, est aujourd'hui le seul attrait du bal.

Mais, diront quelques amis de la routine, nos filles font des promenades toutes les fois que le temps le permet, et elles apprennent aussi à danser.

Quant aux promenades des pensionnaires, dirigées par des maîtresses qui marchent à pas comptés, on sait qu'elles sont rares, surtout dans la saison où l'on a le plus besoin d'exercice pour conserver sa santé, et se garantir de l'influence nuisible d'un climat rude et très variable dans presque toutes les parties de l'Europe.

Les promenades dont il est ici question sont si rares et si courtes, qu'elles suffiraient à peine pour accoutumer des enfants à marcher (1).

La danse, comme on l'enseigne maintenant, ne peut pas non plus être considérée comme un exercice suffisant au développement général des forces physiques; au contraire, on pourrait plutôt reprocher aux maîtres de danse d'affaiblir les pieds et les hanches de leurs élèves, en les tenant trop long-temps dans une position forcée.

Chez les anciens, la danse appartenait essentiellement à l'éducation physique, composée alors de deux parties bien distinctes : de la mimique, et de la partie gymnastique qui comprenait la marche, le saut, la course, un grand nombre d'équilibres, et même la cheirono-

---

(1) Qu'il y a loin, en effet, de ces exercices où tous les membres en liberté se développent en force, en grâce, à ces promenades compassées, ou mieux à ces marches lentes et calculées, auxquelles on assujétit les jeunes filles qui, pour la plupart, par leur tournure contrainte et gênée, décèlent assez qu'elles ne sont que les martyres de nos préjugés et les tristes victimes d'une éducation mal entendue ! — LACHAISE, *Précis physiologique sur les courbures de la colonne vertébrale*, excellent ouvrage que nous recommandons à toutes les personnes qui s'occupent de l'éducation physique des jeunes filles.

..mie (1). On sent combien il était avantageux, pour apprendre un art aussi compliqué, d'enseigner de bonne heure aux enfants à mouvoir leurs membres dans toutes sortes de directions, avec grâce et régularité. Déjà alors on savait que l'énergie des fonctions des membres dépend de la solidité des articulations. Mais comme aujourd'hui cet art ne présente plus les mêmes avantages, la première jeunesse des filles qu'on envoie en pension se passe ordinairement dans l'inaction. Les boîtes pour enchâsser les pieds, afin de forcer les pointes en dehors, les planches horizontales sur lesquelles on les tient couchées immobiles pendant plusieurs heures par jour, afin de leur aplatir les épaules et de leur procurer une taille élégante, les corsets, les casques, les cuirasses, sont les moyens que l'on emploie pour les rendre fortes, agiles et gracieuses.

Craignant d'être taxé d'exagération, nous passons sous silence les tortures de différents genres qu'on leur fait aussi supporter quand, à la suite d'une grande débilité musculaire, elles contractent une difformité dans la colonne vertébrale. Au lieu de rendre agréables, autant que possible, les moyens employés en ce cas pour leur rétablissement, on les astreint à des choses fort pénibles et qui sont sûrement contraires au but qu'on se propose. Il est généralement reconnu que l'élégance des mouvements, la grâce dans le maintien, dépendent

---

(1) Mouvement des doigts comme, par exemple, celui qu'on fait pour jouer des castagnettes.

absolument de la force et de la souplesse ; cependant on se sert des moyens les plus efficaces pour paralyser ces qualités précieuses (1).

L'accueil favorable que nous avons reçu partout où nous avons introduit notre méthode, porte à croire que le temps n'est pas éloigné où ces vérités seront généralement senties ; qu'enfin les parents, qui en voient les heureux résultats, se convaincront que les grâces, la beauté du corps ne peuvent résulter que de la force, de l'adresse, en un mot, de l'éducation physique, des muscles, des exercices actifs.

L'Angleterre en a déjà donné l'exemple.

Plusieurs dames de qualité, en première ligne la duchesse de Wellington, modèle de toutes les vertus, frappées des avantages obtenus par l'usage des exercices gymnastiques que nous avons introduits à Londres en 1821, formèrent le projet d'en faire l'application à l'éducation des jeunes filles. Les médecins les plus distingués de la Grande-Bretagne donnèrent unanimement leur approbation à cette idée heureuse, qui fut fécondée

---

(1) Que toutes les femmes, dit l'auteur déjà cité, qui se chargent du soin non moins difficile qu'important d'élever des jeunes filles, soient donc bien convaincues que leurs élèves sont appelées à briller dans le monde autant par les avantages extérieurs que par l'éclat de leur esprit ; et qu'elles sachent que, si des exercices corporels méthodiquement combinés n'entrent pas comme partie essentielle dans le plan de leur éducation, elles les exposeront à être privées pour toujours de cette élégance de taille qui efface souvent à nos yeux la beauté de la figure.

avec zèle et persévérance. Nous fûmes chargé de la direction de ces exercices, et nous pûmes alors faire sur une grande échelle l'essai de notre méthode. Les succès dépassèrent les espérances. La gymnastique fut dès lors reconnue comme devant faire partie de l'éducation générale des jeunes filles, et pour désigner cet art nouveau, on employa le mot *Callisthénie*.

Afin d'éclairer les parents sur l'utilité incontestable de la callisthénie appliquée à l'éducation physique des jeunes filles, nous consignerons ici l'opinion d'un juge compétent dans la matière, d'un médecin distingué qui jouit à juste titre de l'estime et de la confiance publiques.

Dans un rapport qu'il fit à la faculté de médecine de Paris, sur la nature et l'influence de nos exercices, M. Bally s'exprime ainsi (1) :

« ...Nous avons observé qu'ils développent l'aisance
» et la grâce, augmentent l'adresse par la juste dispen-
» sation des forces, donnent à la station toute l'énergie
» dont elle est susceptible, en faisant trouver le centre
» de l'équilibre et en augmentant la durée des puis-
» sances musculaires. Ils facilitent aussi la croissance,
» dont ils éloignent les dangers en établissant un juste
» équilibre entre toutes les parties... Nous avons re-
» marqué que M. Clias avait élevé son édifice sur un
» plan large, parfaitement approprié aux besoins de la
» vie et aux lois de l'économie vivante. Son étude con-

---

(1) *Gymnastique élémentaire*, par Clias, Paris, 1819.

» stante paraît avoir été de déterminer les moyens les
» plus convenables pour fortifier chaque organe et pour
» augmenter l'énergie des propriétés vitales. Dans ce
» dessein, il a imaginé des modes d'exercices propres à
» imprimer une action particulière à chaque partie, et
» il commence d'abord par les mouvements les plus
» simples, pour arriver progressivement aux plus com-
» pliqués. Vous apercevez déjà que, si M. Clias n'est
» pas médecin, il a donné à ses travaux une direction
» toute médicale, intéressante surtout dans ses applica-
» tions à la thérapeutique... »

Nous ferons observer que, pour obtenir de l'éducation physique tout le bien que l'on peut en attendre, il est essentiel de ne point se hâter, et de ne jamais permettre aux élèves d'entreprendre des exercices au-dessus de leurs forces. Sans cette précaution, on les expose à des accidents. En outre, les efforts qu'ils font inutilement pour réussir peuvent aussi contribuer à les décourager. Au commencement de notre carrière de gymnasiarque, nous avons été quelquefois étonné du refroidissement que nous apercevions chez des élèves qui avaient montré d'abord beaucoup de zèle et d'excellentes dispositions, tandis que nous remarquions en même temps que d'autres jeunes gens, qui n'avaient que de faibles moyens dans l'origine, faisaient rapidement des progrès étonnants ; et lorsque nous avons voulu nous expliquer la cause de ces changements, nous avons toujours pu nous convaincre que, dans le premier cas, le maître n'avait pas su contenir ses élèves dans les bornes prescrites par

la raison, et que, dans le second, les élèves, encouragés par les progrès visibles qu'ils faisaient pour ainsi dire à chaque leçon, animés par l'espoir de réussir, redoublaient de zèle et d'activité.

Dans l'application des exercices que nous traitons, il est aussi très important de remarquer que les tempéraments varient beaucoup, que les individus ne sont pas toujours doués des mêmes dispositions à diverses époques, et que, par conséquent, aucune méthode ne peut dispenser le gymnasiarque de bien observer les élèves et d'agir avec beaucoup de circonspection lorsqu'il s'occupe de l'éducation physique de jeunes personnes délicates. Tous les exercices actifs (1) que nous avons adoptés dans notre système, sont soumis à des principes certains et tous éprouvés par les médecins les plus cé-

---

(1) Les exercices actifs sont des modes de mouvement qui dépendent des contractions des muscles soumis à la volonté et du placement des membres, comme la marche, la course, le saut, la danse, etc., tous les jeux qui exigent des efforts soutenus de la part des organes de la locomotion. Pendant chacun de ces exercices, un nombre plus ou moins grand de masses musculaires est dans une action constante ou au moins fréquemment répétée; or, ces muscles, étroitement liés avec le cœur par les artères et avec le cerveau par les nerfs, ne peuvent agir sans provoquer ces viscères importants; les contractions réitérées des premiers déterminent bientôt dans le système animal des changements organiques remarquables. Le pouls devient plus fort et plus fréquent, la respiration s'accélère, toutes les parties vivantes paraissent stimulées plus ou moins, selon la nature et l'intensité de l'exercice.

(BARBIER, *Dictionn. des Sciences médicales.*)

lèbres de plusieurs parties de l'Europe ; néanmoins ils ne peuvent être utiles que selon les circonstances et les dispositions des sujets pour lesquels on les emploie.

« La nature, dit Barbier (*Dictionnaire des Sciences
» médicales*), veut du mouvement, mais il ne faut pas
» que le système musculaire qui le procure éprouve
» une grande fatigue, de l'épuisement ; car la débilité
» de ce système est partagée par les autres, et bientôt
» toute la machine est dans un état de souffrance ; et
» quelle que soit leur application, il en est des exercices
» corporels comme des substances médicales douées
» d'une puissante activité : elles ont une action utile
» et salutaire, tant qu'on les administre à petites doses ;
» mais elles deviennent dangereuses, elles font sur les
» organes des impressions qui les offensent, aussitôt
» qu'on en prend à la fois une trop grande quantité ;
» au lieu que l'exercice, réglé sur une sage mesure, ne
» laisse après lui que des changements favorables. »

« Il est très important, dit le docteur Bally, de s'oc-
» cuper non-seulement de la somme des mouvements,
» mais aussi de leur nature, qu'on dirige de telle sorte
» que les muscles se fortifient sans que la circulation
» augmente trop, et que celui des organes internes, tels
» que le poumon, l'estomac, le cerveau, le cœur, etc.,
» qui souffre à notre insu quelque lésion, reprenne le
» ton et l'intégrité nécessaires, sans que cette vitalité
» nouvelle s'acquière aux dépens des autres viscères
» avec lesquels il est en corrélation constante. »

Ce que nous offrons de faire pour la nation fran-

la raison, et que, dans le second, les élèves, encouragés par les progrès visibles qu'ils faisaient pour ainsi dire à chaque leçon, animés par l'espoir de réussir, redoublaient de zèle et d'activité.

Dans l'application des exercices que nous traitons, il est aussi très important de remarquer que les tempéraments varient beaucoup, que les individus ne sont pas toujours doués des mêmes dispositions à diverses époques, et que, par conséquent, aucune méthode ne peut dispenser le gymnasiarque de bien observer les élèves et d'agir avec beaucoup de circonspection lorsqu'il s'occupe de l'éducation physique de jeunes personnes délicates. Tous les exercices actifs (1) que nous avons adoptés dans notre système, sont soumis à des principes certains et tous éprouvés par les médecins les plus cé-

---

(1) Les exercices actifs sont des modes de mouvement qui dépendent des contractions des muscles soumis à la volonté et du placement des membres, comme la marche, la course, le saut, la danse, etc., tous les jeux qui exigent des efforts soutenus de la part des organes de la locomotion. Pendant chacun de ces exercices, un nombre plus ou moins grand de masses musculaires est dans une action constante ou au moins fréquemment répétée ; or, ces muscles, étroitement liés avec le cœur par les artères et avec le cerveau par les nerfs, ne peuvent agir sans provoquer ces viscères importants; les contractions réitérées des premiers déterminent bientôt dans le système animal des changements organiques remarquables. Le pouls devient plus fort et plus fréquent, la respiration s'accélère, toutes les parties vivantes paraissent stimulées plus ou moins, selon la nature et l'intensité de l'exercice.

(BARBIER, *Dictionn. des Sciences médicales.*)

lèbres de plusieurs parties de l'Europe ; néanmoins ils ne peuvent être utiles que selon les circonstances et les dispositions des sujets pour lesquels on les emploie.

« La nature, dit Barbier (*Dictionnaire des Sciences
» médicales*), veut du mouvement, mais il ne faut pas
» que le système musculaire qui le procure éprouve
» une grande fatigue, de l'épuisement ; car la débilité
» de ce système est partagée par les autres, et bientôt
» toute la machine est dans un état de souffrance ; et
» quelle que soit leur application, il en est des exercices
» corporels comme des substances médicales douées
» d'une puissante activité : elles ont une action utile
» et salutaire, tant qu'on les administre à petites doses ;
» mais elles deviennent dangereuses, elles font sur les
» organes des impressions qui les offensent, aussitôt
» qu'on en prend à la fois une trop grande quantité ;
» au lieu que l'exercice, réglé sur une sage mesure, ne
» laisse après lui que des changements favorables. »

« Il est très important, dit le docteur Bally, de s'oc-
» cuper non-seulement de la somme des mouvements,
» mais aussi de leur nature, qu'on dirige de telle sorte
» que les muscles se fortifient sans que la circulation
» augmente trop, et que celui des organes internes, tels
» que le poumon, l'estomac, le cerveau, le cœur, etc.,
» qui souffre à notre insu quelque lésion, reprenne le
» ton et l'intégrité nécessaires, sans que cette vitalité
» nouvelle s'acquière aux dépens des autres viscères
» avec lesquels il est en corrélation constante. »

Ce que nous offrons de faire pour la nation fran-

la raison, et que, dans le second, les élèves, encouragés par les progrès visibles qu'ils faisaient pour ainsi dire à chaque leçon, animés par l'espoir de réussir, redoublaient de zèle et d'activité.

Dans l'application des exercices que nous traitons, il est aussi très important de remarquer que les tempéraments varient beaucoup, que les individus ne sont pas toujours doués des mêmes dispositions à diverses époques, et que, par conséquent, aucune méthode ne peut dispenser le gymnasiarque de bien observer les élèves et d'agir avec beaucoup de circonspection lorsqu'il s'occupe de l'éducation physique de jeunes personnes délicates. Tous les exercices actifs (1) que nous avons adoptés dans notre système, sont soumis à des principes certains et tous éprouvés par les médecins les plus cé-

---

(1) Les exercices actifs sont des modes de mouvement qui dépendent des contractions des muscles soumis à la volonté et du placement des membres, comme la marche, la course, le saut, la danse, etc., tous les jeux qui exigent des efforts soutenus de la part des organes de la locomotion. Pendant chacun de ces exercices, un nombre plus ou moins grand de masses musculaires est dans une action constante ou au moins fréquemment répétée; or, ces muscles, étroitement liés avec le cœur par les artères et avec le cerveau par les nerfs, ne peuvent agir sans provoquer ces viscères importants; les contractions réitérées des premiers déterminent bientôt dans le système animal des changements organiques remarquables. Le pouls devient plus fort et plus fréquent, la respiration s'accélère, toutes les parties vivantes paraissent stimulées plus ou moins, selon la nature et l'intensité de l'exercice.

(BARBIER, *Dictionn. des Sciences médicales.*)

lèbres de plusieurs parties de l'Europe ; néanmoins ils ne peuvent être utiles que selon les circonstances et les dispositions des sujets pour lesquels on les emploie.

« La nature, dit Barbier (*Dictionnaire des Sciences*
» *médicales*), veut du mouvement, mais il ne faut pas
» que le système musculaire qui le procure éprouve
» une grande fatigue, de l'épuisement ; car la débilité
» de ce système est partagée par les autres, et bientôt
» toute la machine est dans un état de souffrance ; et
» quelle que soit leur application, il en est des exercices
» corporels comme des substances médicales douées
» d'une puissante activité : elles ont une action utile
» et salutaire, tant qu'on les administre à petites doses ;
» mais elles deviennent dangereuses, elles font sur les
» organes des impressions qui les offensent, aussitôt
» qu'on en prend à la fois une trop grande quantité ;
» au lieu que l'exercice, réglé sur une sage mesure, ne
» laisse après lui que des changements favorables. »

« Il est très important, dit le docteur Bally, de s'oc-
» cuper non-seulement de la somme des mouvements,
» mais aussi de leur nature, qu'on dirige de telle sorte
» que les muscles se fortifient sans que la circulation
» augmente trop, et que celui des organes internes, tels
» que le poumon, l'estomac, le cerveau, le cœur, etc.,
» qui souffre à notre insu quelque lésion, reprenne le
» ton et l'intégrité nécessaires, sans que cette vitalité
» nouvelle s'acquière aux dépens des autres viscères
» avec lesquels il est en corrélation constante. »

Ce que nous offrons de faire pour la nation fran-

çaise, nous l'avons fait pour la Suisse et pour l'Angleterre.

Vingt-cinq années d'expérience, couronnées des plus heureux succès; les suffrages des autorités les plus compétentes, la faculté de médecine de Paris et celle de Londres; la mention honorable qu'ont faite de notre méthode les médecins orthopédistes les plus distingués de la France, de l'Angleterre et de l'Allemagne; la publication de plusieurs ouvrages où nous avons développé les principes de notre méthode pour l'éducation physique des deux sexes, et dont l'analyse a été consignée dans le tome 52 du *Dictionnaire des Sciences médicales;* enfin, le brevet de capitaine dans l'armée anglaise, qui nous a été conféré par sa majesté britannique : tels sont les titres que nous offrons au public, afin de lui inspirer de la confiance.

CONSIDÉRATIONS HYGIÉNIQUES (1).

Les exercices du corps doivent augmenter les forces vitales, prévenir les vices d'une éducation sans énergie, et les corriger lorsqu'ils n'ont point été prévenus.

Le mouvement et la vie sont si étroitement unis dans leur nature, que l'un semble toujours la conséquence

---

(1) Traduites de notre *Callisthénie*, publiée en allemand, Berne, 1828.

de l'autre. En favorisant le mouvement, on augmentera donc la vitalité.

Les mouvements de nos organes sont ou volontaires ou spontanés. L'hygiène s'occupe essentiellement des premiers, et nous enseigne à les varier de la manière la plus avantageuse. Cependant elle s'occupe aussi, quoique indirectement, des mouvement spontanés, car ils se lient étroitement aux premiers.

Un moyen infaillible de conserver la santé, c'est-à-dire le jeu régulier de tous les organes, est d'exercer journellement, pendant le temps de la croissance, tous les organes dont les mouvements sont soumis à la volonté, de manière à leur faire éprouver chaque soir un certain degré de fatigue.

Le corps souffre toutes les fois qu'il manque d'activité ou qu'il y a irrégularité dans le jeu de ses organes, c'est-à-dire lorsque quelques-uns ont été trop fatigués et d'autres trop peu ; car l'excès, aussi-bien que l'absence d'efforts, affaiblit et finit par paralyser le corps.

Toutefois, un exercice qui n'exige aucun effort est absolument insuffisant ; les organes des fonctions de relation étant naturellement forts chez l'homme, ils demandent aussi, dans l'état de santé, d'être exercés avec énergie.

Les muscles et les os se ressentent également des suites nuisibles qui résultent de l'inactivité ou du trop peu d'activité du corps. Les premiers se flétrissent et perdent de leur énergie, tandis que les os se ramollissent au point de fléchir sous le seul poids du corps.

Le jeu des muscles favorise, par le frottement qu'il produit, les secrétions de la peau ; il entretient la circulation dans les vaisseaux sanguins qui s'y ramifient : devient-il trop faible, aussitôt cette sécrétion nécessaire à la santé est supprimée, et une pâleur maladive ne tarde pas à se répandre sur toute la figure.

Le système nerveux produit continuellement de nouvelles forces vitales ; il a besoin, pour cette raison, comme une batterie électrique, de subir de fréquentes décharges. C'est l'effet que produisent les exercices du corps. Aussi est-il incontestable qu'ils fortifient tout le système nerveux, ce qui se conçoit aisément, puisque les filets nerveux qui se distribuent aux membres vont tous se rattacher à un même centre, à l'encéphale. Le corps est-il privé de mouvement, alors il existe un excès de vitalité dans le système nerveux, qui, de temps à autre se déchargeant spontanément, occasionne des maladies douloureuses, des crampes, des névralgies, et tant d'autres souffrances dues à la faiblesse des nerfs.

L'exercice favorise la circulation du sang, parce que les vaisseaux sanguins se trouvent, par les mouvements du corps et la contraction des muscles, alternativement comprimés et dilatés ; le sang est ainsi chassé plus rapidement, et tous les organes reçoivent non-seulement une plus grande quantité de sang artériel, mais il circule régulièrement dans toutes les parties du corps, jusqu'aux extrémités les plus éloignées du cœur; ce qui n'a pas lieu dans l'état d'immobilité, comme le prouve la sensation désagréable de froid qui s'y fait alors sentir. Mais, dans ce cas, l'excès et l'accumulation du sang dans les organes internes amènent des congestions, des fièvres, des échauffements partiels, particulièrement aux joues, des varices, des hémorragies, etc., si toutefois un manque général de sang n'occasionne pas des résultats plus graves encore.

Les organes de la respiration, de la digestion et de la reproduction peuvent être considérés comme la continuation de la membrane tégumentaire; il est, en effet, facile d'observer comment la peau passe insensiblement à l'état de membrane muqueuse, ce qui explique pourquoi la suppression des sécrétions de la peau peut produire les fièvres catarrhales et les fièvres muqueuses. De même aussi les muscles placés à la partie externe du corps vont, par des transitions insensibles, se confondre avec les fibres circulaires de ces organes, et les mouvements volontaires des premiers se lient ainsi probablement aux mouvements spontanés de ceux-ci. Ce qu'il y a de certain, c'est qu'ils fonctionnent avec moins d'énergie quand les muscles extérieurs manquent d'exercice. Ceci est surtout sensible pour les mouvements du canal intestinal; il se trouve bientôt surchargé, l'appétit manque, la bile abonde, des maladies nombreuses deviennent inévitables, quand le corps est condamné au repos.

Quand le corps jouit d'un mouvement modéré, les pulsations du cœur et des artères sont plus régulières, les poumons jouent plus librement, et par-là même les sécrétions et l'absorption deviennent plus abondantes;

l'activité des organes de la digestion se révèle par un appétit régulier, bien différent de celui qu'excite l'assaisonnement recherché des mets; la digestion s'opère facilement; tout le corps est animé d'un degré agréable de chaleur vitale; le caractère même en subit l'influence, en prenant l'impression d'une douce gaîté.

Les travaux auxquels le corps est astreint sont-ils, au contraire, trop forts, ou n'exercent-ils qu'une partie des organes, alors la fatigue excessive peut donner la mort ou amener des paralysies de quelques membres, occasionner des fractures ou des luxations; dans tous les cas, de tels exercices détruisent l'harmonie nécessaire entre les fonctions des divers organes. Ils sont heureusement combattus par la force que leur oppose un puissant contre-poids, et sont, pour cette raison, moins à craindre que le défaut contraire.

Des exercices réguliers offrent le meilleur moyen d'habituer les jeunes gens aux variations fréquentes de la température; ils mettent le corps à même de résister aux influences nuisibles du climat, et lui permettent ainsi d'acquérir ce degré de dureté, condition indispensable de la santé, même pour les jeunes filles et les femmes. Pour cela, les exercices doivent se faire autant que possible en plein air. Déjà Galien comptait l'air au nombre des agents qui exercent sur le corps la plus puissante influence. En effet, il agit d'une manière incessante, inévitable, indispensable à la vie; il occasionne quelquefois des maladies, mais il les guérit aussi. Son action sur le corps est de deux natures; il lui abandonne une partie de ses éléments, et s'empare d'une partie des matières sécrétées par celui-ci. Cette double influence s'exerce d'une part à la surface des poumons, avec lesquels il est continuellement en contact par le moyen de la respiration ; de l'autre, à la surface de la peau par son action dessicative, qu'augmentent, en la renouvelant sans cesse, les mouvements du corps, les courants d'air et les vents. Et ces deux genres d'influence sont surtout actifs lorsqu'ils s'exercent en plein air, où ses éléments constitutifs sont plus constamment purs que dans un appartement clos.

On peut, il est vrai, conserver en grande partie ces avantages dans un appartement, en le choisissant spacieux et en l'aérant fréquemment. En effet, de nombreuses expériences prouvent que la plupart des personnes qui ont atteint un âge très avancé ont passé, pour ainsi dire, toute la première période de leur vie en plein air ; mais elles prouvent aussi que la majeure partie des enfants des classes supérieures de la société apportent, en naissant, une faiblesse de constitution que rend héréditaire l'état de notre civilisation actuelle, et par suite de laquelle ils ne peuvent supporter sans danger, dans les premiers temps, une température quelque peu défavorable. Nous devons, par conséquent, nous demander ce qu'il faut faire dans ce cas pour leur procurer les avantages qui ont contribué à conserver aux premiers la vie et la santé.

L'homme est tout-à-fait incapable de se soustraire complétement aux influences nuisibles que l'atmosphère peut exercer de temps en temps sur de faibles organisations. Il ne peut empêcher que les changements subits de température qui signalent les différentes heures de la journée ou les saisons, que ceux qui ont lieu dans la tension électrique de l'atmosphère, que les gaz délétères et méphitiques dont elle se charge, que les courants d'air, enfin, n'agissent fortement sur ses organes.

Mais pour conserver, au milieu de tous ces changements que l'on ne peut éviter, une santé régulièrement bonne, il faut mettre la sensibilité du corps en harmonie avec ces circonstances extérieures : c'est à quoi nous parvenons par l'habitude. Or, l'idée d'acquérir cette habitude d'une manière passive, idée émise par quelques auteurs, est impossible; il serait dangereux de vouloir la réaliser. En effet, si quelqu'un voulait accoutumer un enfant délicat ou une jeune personne d'une faible complexion aux intempéries de l'air, en leur faisant observer l'état du repos, il est probable que, malgré toutes les précautions que l'on pourrait prendre, on n'arriverait pas à un résultat satisfaisant, car un seul coup d'air, arrivant mal à propos, détruirait tout le succès qu'on s'était promis. Au contraire, les exercices fortifient le corps, augmentent la vitalité des organes, et leur permettent d'opposer une résistance énergique à l'action nuisible de l'atmosphère. Le mouvement est donc le seul moyen de durcir le corps, de détruire les effets d'une éducation efféminée, et tout essai de parvenir autrement à ce but est dangereux et illusoire.

Le local destiné aux exercices du corps doit, par

conséquent, être de tous côtés accessible au grand air; le sol n'en doit être ni humide ni poudreux. Rien n'est plus convenable, pour atteindre ce double résultat, que de la terre battue, telle qu'on la prépare dans quelques localités pour les aires des granges, et que l'on a soin d'arroser de temps à autre. Rien n'est plus convenable, en été, pour les exercices callisthéniques, qu'une place libre, abritée par une tenture de toile. En hiver, il faut un local mieux fermé, éclairé d'un grand nombre de fenêtres ou simplement d'ouvertures munies de contre-vents, et que l'on aura soin d'ouvrir toujours en nombre aussi considérable que le permettra la saison.

L'heure de la récréation, le soir, où les jeunes gens se reposent de l'étude, doit être préférée pour les exercices. Jamais on ne doit faire d'exercices fatigants immédiatement après les repas copieux.

A quel âge est-il convenable de commencer à habituer régulièrement le corps au mouvement? Des hommes du plus haut mérite ont prouvé depuis long-temps que c'est une erreur d'emmailloter les enfants et de les priver ainsi de toute liberté. On a fait observer également, avec beaucoup de justesse, qu'il valait infiniment mieux les abandonner à eux-mêmes sur un tapis, que de les porter constamment sur le bras ou de les suspendre à la lisière. Cependant on pourrait faire encore davantage, dès ces premiers temps, pour leur développement physique.

Les dispositions naturelles, le degré plus ou moins

élevé de forces et de vivacité que les enfants ont apporté au monde, est sans doute la cause principale pour laquelle quelques-uns marchent plus tôt que d'autres ; mais on peut, dans les premiers mois de la vie, vaincre l'indolence et la paresse propres à quelques enfants.

Toutefois, l'on peut supposer, avec raison, que les enfants apprendraient généralement à marcher beaucoup plus tôt, si on les occupait comme nous l'avons indiqué, en se servant pour cela de petits garçons ou de jeunes filles qui auraient appris régulièrement les exercices de somascétique, et mettraient de l'adresse et de la prudence à les occuper à des exercices semblables. On objectera peut-être que ce mode d'éducation serait pénible ; mais personne ne doutera certainement qu'il ne soit capable de rendre les enfants forts et vigoureux.

EXTRAIT

D'UN RAPPORT FAIT A M. LE MINISTRE DE L'INSTRUCTION PUBLIQUE, PAR M. LE PRÉFET DU DOUBS, LE 21 AVRIL 1842.

Il est assez reconnu, en général, que les méthodes compliquées, quoique purement fragmentaires et incertaines, qui régissent en ce moment la gymnastique dans les écoles publiques en France, laissent beaucoup à désirer, entraînent à des dépenses considérables, et exposent les élèves à des dangers, à des accidents malheureusement trop nombreux. Quand on compare à ces méthodes la marche sûre, progressive et rationnelle constamment suivie par M. Clias, il est aisé de discerner la supériorité de celle-ci, dont les bases reposent sur des connaissances positives de l'organisation humaine.

Cette supériorité est prouvée par une longue expérience, dont les premières applications remontent à 1806. Les facultés de médecine de Paris, de Vienne, de Londres, des États-Unis d'Amérique, l'ont bien constatée, car la méthode Clias est la seule qu'elles aient adoptée sans restriction.

En Angleterre, le consul américain, frappé des grands avantages de cette méthode, obtenus en très peu de temps, et du vif intérêt qu'elle excitait dans le pays, n'a pas hésité d'envoyer aux États-Unis, comme gymnasiarques, les trois meilleurs élèves formés par M. Clias, à l'école normale de Londres. Aussi depuis 1823, New-Yorck, Philadelphie, Boston, possèdent des établissements prospères de somascétique, dirigée selon les règles tracées par cet habile maître.

La Suisse, l'Autriche, la Suède, le Piémont, la Grèce elle-même (par les soins du major Hanh), ont aujourd'hui des établissements semblables. Pourquoi la France resterait-elle en arrière de tous ces états? Pourquoi ce qui, depuis huit mois, se pratique avec de si heureux succès à Besançon, ne se propagerait-il pas dans tous les départements du royaume?

Dans la conviction où je suis que l'indifférence, que le retard d'améliorations aussi utiles, seraient trop préjudiciables à la France, je ne puis m'interdire d'insister de nouveau près de vous, monsieur le ministre, en vous priant d'avoir égard aux faits et à la circonstance toute particulière sur laquelle je viens appeler toute votre attention.

Faits. Vingt-quatre instituteurs, sortis en 1841 de l'école normale primaire de Besançon, après avoir reçu les leçons de M. Clias, et qui dirigent présentement des écoles communales, transmettent avec grand fruit l'enseignement qu'ils ont reçu. Vingt-cinq autres élèves-maîtres, dont l'instruction aura été plus prolongée, sortiront encore à la fin de l'année scolaire, et répandront les mêmes avantages.

Dans le 4e bataillon de chasseurs à pied et dans le 75e régiment, qui tiennent garnison à Besançon, M. Clias a formé un grand nombre de moniteurs, qui déjà se livrent la plupart depuis plusieurs mois à l'instruction de la troupe. Les meilleurs d'entre ces sujets ont été, du 4e de chasseurs, envoyés dans d'autres divisions militaires comme moniteurs supérieurs.

Au collége royal de Besançon, un élève de M. Clias dirige maintenant les exercices somascétiques. D'autres élèves du même maître enseignent à l'institution des sourds-muets, à l'école des frères de Marie, à la maison des jeunes détenus. Bientôt s'organisera dans cette ville un gymnase public.

Partout, dans les régiments et dans les institutions, le système des machines, des échafaudages, des mouvements périlleux, *des tours de force*, en un mot, a été abandonné et remplacé par le système Clias, dont le but unique, savamment et constamment atteint, est d'augmenter la force et la souplesse de toutes les parties du corps humain.

Circonstance particulière. Quoique âgé de cinquante-huit ans, M. Clias est plein de vigueur et de santé. Il a créé la méthode qu'il pratique depuis plus de trente ans, et il n'a cessé, il ne cesse de la perfectionner. N'ayant plus de désir à former sous le rapport de la fortune, c'est par goût pour son art, par dévouement à l'humanité dans une chose, selon sa croyance, éminemment utile pour elle, c'est pour soutenir jusqu'au bout sa juste renommée, que M. Clias a fait les offres dont je vous ai entretenu le 31 août 1841. Ne serait-il pas vivement à regretter qu'une telle circonstance ne fût point mise à profit dans l'intérêt national ?

Cette circonstance me détermine à renouveler mes instances auprès de vous, monsieur le ministre, et à recommander à votre attention la note ci-jointe de M. Clias sur la marche qu'il suivrait pour introduire la somascétique en France, rapidement et sur des bases solides.

Signé V. TOURANGIN.

RAPPORT.

ADRESSÉ A M. LE MINISTRE DE L'INSTRUCTION PUBLIQUE, PAR M. LE RECTEUR DE L'ACADÉMIE DE BESANÇON, LE 8 AVRIL 1842.

Monsieur le Ministre,

Déjà M. le préfet vous a entretenu de la méthode de gymnastique enseignée à Besançon par M. Clias, qui lui donne le nom mieux approprié de somascétique. Vous avez bien voulu exprimer le désir que je vous fisse un rapport sur cet objet, et je m'empresse de vous l'adresser.

Ce qui distingue surtout la méthode de M. Clias, c'est d'abord une simplicité de moyens qui la rend applicable même dans les écoles de village. Elle présente un système d'exercices gradués qui, sans danger, sans appareils dispendieux et compliqués, favorisent le développement harmonique des organes, accroissent les forces musculaires, donnent aux membres de la souplesse, au corps une constitution saine et robuste.

Ces exercices prennent l'homme à son entrée dans la vie, et le conduisent à l'âge viril. Dégagés de toute exagération dans les mouvements et dans les poses, ils ne peuvent donner lieu à aucun accident; avec de légères modifications, ils conviennent aux deux sexes et à tous les âges.

Tels sont les avantages que présente la somascétique de M. Clias.

Introduite dans les écoles normales primaires, elle exercerait la plus heureuse influence sur la santé des élèves-maîtres, qui éprouve presque toujours quelque fâcheuse altération, par suite du passage subit des travaux et du grand air de la campagne à une vie appliquée et sédentaire. Eux-mêmes pourraient, sans compromettre la gravité de leur position, en conserver toujours l'habitude, et en faire à leur tour l'application dans les écoles qu'ils seraient appelés à diriger. En procurant ainsi, aux enfants confiés à leurs soins, une récréation utile et agréable, ils affermiraient leurs forces naissantes, et les prépareraient aux professions laborieuses auxquelles ils sont pour la plupart destinés.

M. Clias, passionné pour son art, et qui jouit d'ailleurs d'une position de fortune indépendante, a professé sa méthode en Angleterre et en Suisse, où les résultats en ont été constatés par des témoignages authentiques et d'honorables distinctions. A Besançon, elle a été adoptée par le 75e régiment de ligne, à la satisfaction des chefs et des soldats; introduite à l'hospice de Bellevaux, elle y a produit d'heureux effets pour les jeunes détenus. Enfin M. Clias en a commencé l'expérience gratuite à l'école normale du Doubs, et cet essai, dont le succès a été complet, n'a exigé qu'une très faible dépense pour quelques pièces de gymnastique excessivement simples.

M. Clias forme des moniteurs, qu'il met en état de continuer son œuvre.

Je dois ajouter qu'il jouit, par ses principes, par sa moralité, par son désintéressement, d'une considération bien méritée. Sa tenue et ses manières sont on ne peut plus convenables, et annoncent un homme qui, après avoir reçu une bonne éducation, est digne de contribuer lui-même à perfectionner celle de la jeunesse.

J'ai donc l'honneur de vous prier de m'autoriser à introduire cette méthode dans les écoles normales primaires de mon ressort.

Je suis avec respect,

Monsieur le ministre, etc.

Le recteur, signé CARBON.

Pour copie conforme :
Le secrétaire de l'académie,
J.-B. JOLY.

APPENDICE.

Parmi les nombreux témoignages recueillis à Besançon en faveur de la méthode gymnastique de M. Clias, nous remarquons celui qu'a rendu, dans sa séance du 8 juillet, la commission administrative de l'hospice de Bellevaux.

Voici un extrait du registre de ses délibérations :

GYMNASTIQUE.

« Rien n'est plus propre à développer les forces musculaires des jeunes gens que la gymnastique ; elle produit les effets les plus salutaires sur ceux qui en suivent les exercices. On peut assurer que c'est tout à la fois un des meilleurs moyens hygiététiques que l'art ait pu imaginer, et un spécifique assuré contre les maladies qu'engendre ordinairement l'influence atmosphérique d'un air concentré et malsain.

» Nous avons été plusieurs fois témoins des exercices gymnastiques qui, depuis cinq mois, ont lieu dans la cour des jeunes détenus de Bellevaux ; nous sentons naturellement le besoin, dans l'intérêt que nous portons aux jeunes détenus, d'exprimer franchement notre opinion sur les effets précieux que produit la gymnastique.

» Nous hésitions fortement à croire, dans les premiers moments, que les muscles des jeunes gens, et surtout de ceux d'entre eux que la nature a peu favorisés, étaient susceptibles d'une si grande élasticité. Aujourd'hui tous les jeunes détenus et réfugiés de Bellevaux exécutent, avec un ensemble parfait et avec la plus grande agilité, tous les exercices qui, jusqu'à présent, leur ont été démontrés par le moniteur de M. Clias. En vérité, l'observateur est ravi d'admiration en contemplant cette série de mouvements si variés, si compliqués et si promptement exécutés.

» Sans contredit, la gymnastique procure la santé et détruit le germe des maladies ; car, depuis que les exercices sont introduits dans la maison de Bellevaux, la santé et la vigueur sont peintes sur la physionomie des jeunes détenus, et, ce qui est extraordinaire, l'infirmerie est déserte.

» *Les membres de la commission administrative de ladite maison.* »

(Extrait de l'*Impartial* du 28 juillet 1842.)

SOMASCÉTIQUE

NATURELLE,

APPROPRIÉE A L'ÉDUCATION PHYSIQUE

DES JEUNES FILLES (1).

DE L'ÉDUCATION PHYSIQUE

DE LA PREMIÈRE ENFANCE.

C'est en vain que l'on veut, en faveur de l'homme, forcer la nature à agir contre ses lois immuables. Elle ne fait rien par bonds, dit Rousseau, ni deux choses différentes à la fois; et quoique en apparence privilégiée, notre espèce est cependant astreinte aussi à un développement général, lent et progressif, mais sûr lorsqu'il n'est pas forcé; c'est pour cette raison que tous les essais que l'on a tentés, jusqu'à présent, afin d'agir en sens inverse, ont toujours été infructueux et souvent même fort nuisibles. Les hommes sensés, et particulièrement ceux qui s'occupent de l'éducation de la jeunesse, sont convaincus aujourd'hui que, malgré tous les moyens artificiels employés pour accélérer le développement des facultés intellectuelles, même chez des sujets d'une bonne constitution, on n'a jamais obtenu que peu ou point de résultats. Pendant notre longue pratique, nous avons souvent

---

(1) *Somascétique*, terme emprunté du grec σωμασκέω, *j'exerce le corps*, est préférable, pour l'indication des mouvements régularisés qui appartiennent au domaine de l'art, au mot *gymnastique*, vulgairement adopté, dont l'étymologie est γυμνάζω, dérivé de γυμνός, nu.
(*Dictionnaire des Sciences médicales*, 52 F. art. *Somas.*)

SOMASCÉTIQUE

NATURELLE,

APPROPRIÉE A L'ÉDUCATION PHYSIQUE

DES JEUNES FILLES (1).

DE L'ÉDUCATION PHYSIQUE
DE LA PREMIÈRE ENFANCE.

C'est en vain que l'on veut, en faveur de l'homme, forcer la nature à agir contre ses lois immuables. Elle ne fait rien par bonds, dit Rousseau, ni deux choses différentes à la fois; et quoique en apparence privilégiée, notre espèce est cependant astreinte aussi à un développement général, lent et progressif, mais sûr lorsqu'il n'est pas forcé ; c'est pour cette raison que tous les essais que l'on a tentés, jusqu'à présent, afin d'agir en sens inverse, ont toujours été infructueux et souvent même fort nuisibles. Les hommes sensés, et particulièrement ceux qui s'occupent de l'éducation de la jeunesse, sont convaincus aujourd'hui que, malgré tous les moyens artificiels employés pour accélérer le développement des facultés intellectuelles, même chez des sujets d'une bonne constitution, on n'a jamais obtenu que peu ou point de résultats. Pendant notre longue pratique, nous avons souvent

---

(1) *Somascétique*, terme emprunté du grec σωμασκέω, *j'exerce le corps*, est préférable, pour l'indication des mouvements régularisés qui appartiennent au domaine de l'art, au mot *gymnastique*, vulgairement adopté, dont l'étymologie est γυμνάζω, dérivé de γυμνός, *nu*.
(*Dictionnaire des Sciences médicales*, 52 F. art. *Somas.*)

été témoin qu'en persévérant dans ce faux système avec des jeunes gens d'une constitution délicate, l'on avait entièrement ruiné leur physique avant qu'ils eussent atteint l'époque que la nature a fixée pour cette opération importante.

Quoiqu'on ne soit pas toujours d'accord sur chaque point de l'éducation physique, dit le docteur Bally (1), il est néanmoins une foule de difficultés sur lesquelles on s'entend fort bien aujourd'hui, soit parce qu'on a plus sagement observé la nature, soit parce que, se défiant davantage des hypothèses, les hommes de ce siècle écoutent mieux la voix de la raison.

Comme personne ne révoque en doute l'influence de la mère sur le fœtus renfermé dans ses flancs, nous traiterons amplement, par la suite, du régime convenable à son état. En attendant, nous nous bornerons à dire que celle qui est appelée à donner incessamment le jour au fruit de sa tendresse doit être modérée dans ses passions, bornée dans ses désirs; qu'il lui importe d'écarter avec soin les sujets d'emportement, les causes de chagrins profonds et de toute affection morale capable de troubler l'harmonie nécessaire à son état. Vivant dans un calme parfait, elle épargnera à son enfant des dispositions nerveuses et convulsives, fatales à son existence ou capables d'affaiblir sa constitution. Toutefois on ne saurait trop répéter que les femmes étant, à cette époque, plus irritables, plus irascibles, ceux qui les entourent doivent avoir pour elles les égards et les ménagements commandés par leur situation.

Les Grecs croyaient fermement à l'influence des agents extérieurs sur les fruits de la conception, eux qui écartaient avec une délicatesse infinie tout ce qui pouvait blesser les regards ou offenser le cœur; eux qui plaçaient avec tant de

---

(1) *Journal d'éducation.*

soin dans les appartements des femmes les images et les statues qui leur rappelaient des idées d'harmonie, de force et de beauté.

Si les passions ont besoin d'un calme parfait, le régime alimentaire veut être doux ; trop âcre ou trop échauffant, il imprime l'aigreur à l'esprit par l'exaltation du système de la circulation, et il porte le désordre dans le genre nerveux ou de mauvais ferments dans les fluides. Au reste, il faut proportionner le régime de la femme enceinte à son tempérament, à ses habitudes et à la connaissance de ce qui lui est utile ou nuisible. On trouvera dans les bains tièdes une ressource précieuse contre les constipations opiniâtres, l'agacement nerveux et les douleurs locales. Une femme qui n'a pas de dispositions aux fausses couches, peut sans inconvénient se baigner jusqu'aux derniers jours depuis le quatrième mois. Des bains trop prolongés pendant les deux premiers mois, ou administrés sans réflexion, pourraient ramener le flux périodique qui entraînerait avec lui le germe de la conception. On n'oubliera pas non plus que vers le troisième mois les fausses couches sont le plus fréquentes, et qu'à cette époque les précautions deviennent plus nécessaires.

Quant aux saignées, le médecin seul peut juger du besoin de les faire ; il suffit d'indiquer qu'on abusait autrefois de ce moyen, et que certains accoucheurs en abusent encore.

On ne les croit généralement utiles que dans les douleurs locales, profondes, vives et durables.

DES MOYENS CONSEILLÉS
POUR LA PREMIÈRE ÉPOQUE DE LA VIE.

Température de l'air. L'enfant va naître, et il n'est pas indifférent de lui préparer une atmosphère convenable. Il sort d'un milieu de 38 à 40 degrés du thermomètre centigrade (1), et l'air qu'il va respirer sera peut-être à zéro ou même au-dessous. Quelle transition épouvantable pour un être aussi fragile et qui tient encore autant à la vie qu'à la mort ! Ceux qui ont pensé pouvoir sans inconvénient le plonger à sa naissance dans un milieu très froid n'ont connu ni consulté la nature. Attachez-vous donc à préparer sagement l'entrée de cette délicate fleur dans le nouveau fluide qui doit l'entourer et la pénétrer de toutes parts, si vous redoutez de la voir se flétrir avant son épanouissement ; et pour éviter que l'impression subite qu'elle va recevoir ne la fasse languir, corrigez la vivacité du nouvel élément où elle va vivre : 20 à 25 degrés porteraient dans l'atmosphère une raréfaction convenable à cette première respiration qui s'annonce par les premiers cris. L'impression aiguë de l'air sur le larinx et les poumons, qui n'y sont point accoutumés, est probablement la cause de ce signe de l'existence qui fait palpiter de joie le cœur de la mère, et qui la console tout à coup des peines qu'elle vient d'éprouver et des douleurs qu'elle ressent encore. Dès lors tout s'anime dans la production qui vient de recevoir la vie. La respiration joue, la circulation commence, la sensibilité se prononce, les fonctions digestives s'exécutent, les excrétions ont lieu, et le nouveau-né n'est plus cette plante qui végétait naguère ; c'est un être sensible, déjà soumis à l'influence de tous les agents physiques dont il est environné. Or, dans cet état d'étonnement, de stupeur imprimé à la nature, il faut craindre tout ce qui est susceptible de la faire succomber.

Cependant, comme l'enfant n'est point destiné dans nos climats à vivre dans un milieu toujours chaud, on devra

---

(1) On sait que 80° Réaumur répondent à 100° centigrades.

diminuer peu à peu la raréfaction de l'atmosphère et la rendre plutôt fraîche que tiède. Par cette sage mesure, il pourra braver incessamment les dangereuses variations de l'air et les brusques transitions. Alors, plus on le mettra en harmonie avec les éléments, moins ils seront à craindre pour lui ; alors, plus on l'exposera à leur action, plus il acquerra de force pour leur résister, et plus facilement il deviendra homme. Souvenons-nous qu'il ne l'est pas en naissant, et qu'il peut être aussi ridicule que nuisible de le traiter comme tel.

Bains et lotions. Une matière onctueuse et grasse enduit la peau du nouveau-né : et, comme sa présence lui serait infailliblement nuisible, il faut l'en débarrasser. La plupart des animaux mammifères lèchent leurs petits dès qu'ils les mettent bas ; or, ce n'est point l'art qui leur donne ce précepte. La nature veut donc qu'ils soient dépouillés de cette enveloppe, indispensable avant la naissance, dangereuse après. La théorie vient fortifier ce raisonnement, parce qu'elle considère cette onctuosité comme contraire au nouvel ordre de fonctions attribuées à la peau ; en bouchant les pores, elle met obstacle à la transpiration si utile, si nécessaire à cet équilibre parfait qui constitue la santé. Mais ne perdons pas de vue que la nature, dont il ne faut jamais s'écarter, puisque l'homme est une de ses productions, n'a glacé ni la langue, ni la salive, ni l'haleine des animaux, avec lesquels ils fomentent leurs petits sans relâche.

Ici dès lors se présente cette grande question d'hygiène qui fut le sujet de tant de méditations et de controverses parmi les médecins, les philosophes et même les législateurs : Faut-il plonger dans l'eau froide ou dans l'eau tiède l'enfant qui vient de naître ?

En ne considérant ce problème important que sous le rapport systématique, ou en consultant l'histoire de quelques uns de ces peuples qui nous ont fourni des exemples et des modèles dans tous les genres, on répondra : L'eau froide, et mieux encore la glace, fortifieront les organes. Mais si l'on est assez sage pour n'écouter que le précepteur infaillible de l'homme, et le meilleur de ses guides, on n'hésitera pas à dire : L'emploi de l'eau tiède est préférable sous tous les rapports, et il n'est même aucune raison qui puisse autoriser un procédé contraire. En effet, outre la preuve frappante, puisée précédemment dans les habitudes des animaux, nous savons que le fœtus, dans le sein même de la mère, vit enveloppé des eaux de l'amnios dont la température égale, selon l'apparence, à peu près 40 degrés. Or, vous voudriez, par une de ces conceptions qui ne peuvent naître que de l'enthousiasme pour les temps héroïques, qu'un être débile, encore sur les limites du néant et de la vie, fût précipité dans un fleuve de glace, et qu'il passât ainsi de ces 40 degrés à zéro, ou même au-dessous! Amollis par la civilisation, et transmettant vos faiblesses à vos enfants, vous penseriez qu'ils peuvent endurer sans danger une transition aussi brusque, aussi foudroyante, sans que leur frêle machine n'en soit totalement ébranlée ou même détruite! Si un froid de 30 degrés surprend tout à coup vos corps endurcis par l'âge, et protégés par des habillements, si l'engourdissement les saisit, si le sang se refoule vers le cerveau, si votre genre nerveux est saisi de stupeur, et se paralyse totalement, vous ne redouteriez pas d'exposer à un passage plus violent encore les objets de vos affections! vous ne frémiriez pas à l'idée d'un infanticide! Qui donc vous donna cette barbare leçon? Est-ce la nature? Mais l'enfant vivait dans une eau plus chaude que vos bains les plus voluptueux. Est-ce l'analogie? Mais encore une fois, les animaux couvent leurs petits, les lèchent à tout instant pour les réchauffer sans cesse. Rien de ce qui dans l'univers est à votre observation ne vous autorise à ce genre de violence : la nature, la morale, la religion, votre propre intérêt, celui de vos enfants, tout vous fait un devoir de ne plus violer les lois de l'humanité. Voyez le tigre et le lion : sont-ils moins robustes, pour n'être pas soumis à l'épreuve de l'eau glacée ou pour recevoir sans interruption la chaleur émanée de leurs mères, que l'instinct dirige bien mieux que notre savoir ?

Ainsi, désabusez-vous : ne croyez pas qu'une seule impression, quelque violente qu'elle soit, agisse sur l'économie de manière à perpétuer une modification totale et durable ; l'effet en est passager comme la cause qui le met en jeu. Les fables des siècles héroïques sont trop présentes à votre imagination : vous plongeriez un enfant dans les eaux du Styx que vous ne le rendriez point invulnérable. Achille ne devait pas sa rare valeur et sa force extraordinaire à ce premier soin de Thétis, mais à la mâle éducation que lui donna le centaure qui, dès sa plus tendre jeunesse, ne lui permettait des aliments qu'après les lui avoir fait conquérir par un exercice violent. Terrasser des lions était un des jeux du maître et de l'élève. Quelle allégorie ! quelle leçon sublime dans cette fable ! C'est ainsi qu'un habile jardinier, par des soins éclairés, fortifie peu à peu une jeune plante, et parvient à former le chêne robuste qui résiste aux tempêtes.

Aux impressions soutenues sans relâche pendant la durée du développement, appartiennent les grands effets qui apportent des changements notables dans la constitution de l'individu, et qui laissent sur son corps une empreinte de force et d'énergie. Ceux qui vivent dans une température âpre, ou qu'on habitue aux bains froids, finissent par contracter un endurcissement et un épaississement sensible dans la peau, ainsi que l'enseigne l'observation. Or, les organes internes, si intimement liés avec les tissus dermoïdes qu'ils influent réciproquement et activement les uns sur les autres, participent à l'état particulier de vigueur que les premiers ont acquis. Mais ces résultats désirables ne sont jamais dûs aux révolutions violentes et brusques éprouvées par l'économie vivante. Celles qui dépendent de ce passage du chaud au froid étonnent la nature ou fatiguent les organes, en refoulant la circulation de la circonférence vers le centre ; elles éteignent la sensibilité par l'état de stupeur qu'elles introduisent dans le genre nerveux. D'ailleurs, de semblables procédés, lorsqu'ils n'occasionnent pas subitement des affections maladives, disposent à des lésions organiques non moins funestes. Qui ne sait que le croup, les catarrhes suffocants, et une foule d'autres maladies reconnaissent fréquemment des courants d'air pour cause ? Pourquoi l'eau, dont l'action sur la peau est encore plus insupportable par sa densité, ne produirait-elle pas les mêmes maux ? et si son effet primitif est de refouler le sang ou les fluides lymphatiques vers les centres vitaux, pourquoi ne causerait-elle pas des anévrismes au cœur ou des épanchements sur le cerveau ?

Toutefois, des exemples respectables parlent, chez les peuples anciens et modernes, en faveur de l'eau froide, appliquée sur les enfants qui viennent de naître. On raconte des Spartiates qu'ils plongeaient les leurs dans l'Eurotas, en présence de la famille. Celui qui résistait à la violence de l'épreuve, était jugé digne de la vie ; mais le terrible tribunal condamnait à périr l'infortuné qui s'évanouissait, le considérant comme incapable de former un citoyen robuste. D'autres historiens rapportent cette coutume avec des circonstances propres à la rendre moins atroce dans ses résultats, puisque l'expérience se faisait dans le vin, toujours moins froid que l'eau d'un torrent.

Quelles que soient au reste les modifications apportées à cette épreuve, la férocité de la législation n'était pas moins absurde que fondée sur l'ignorance des lois naturelles. La plus simple réflexion aurait démontré que l'enfant robuste courait les chances de s'évanouir et le plus faible de résister. Cet événement, contraire aux vues du législateur, devait même être assez ordinaire, vu la grande irritabilité du premier sujet.

Eh! ne valait-il pas mieux, pour conserver un Spartiate de plus, fortifier le faible au lieu de l'égorger inhumainement? Et ne serait-on pas disposé à croire que, chez ce peuple, les institutions fondées sur les violences faites à la nature, devaient toutes se lier à ce principe? Celle-ci, assez analogue aux autres, prenait peut-être sa source dans l'intention de borner l'accroissement de la population. Si ce moyen était efficace pour la limiter, pourquoi les peuples modernes, n'ayant pas les mêmes vues, suivraient-ils un semblable exemple? Ainsi donc, ce tour de force n'ajoutait rien à la vigueur d'un peuple qui était redevable du développement de la puissance musculaire seulement à sa sobriété, à sa persévérance dans la gymnastique, et à l'extinction presque totale des passions affaiblissantes.

Chez les Barbares et les hordes à demi civilisées, l'immersion dans les fleuves était assez généralement en usage, et s'est même conservée jusqu'à nos temps modernes. Les voisins des Grecs en avaient consacré la coutume, adoptée aussi par les peuples du Latium. Le chantre divin d'Énée fait dire à Numanus : « Nous sommes une race endurcie dès la naissance ; nous portons nos enfants vers les fleuves; nous les fortifions en les exposant à une âpre gelée, et en les précipitant dans les ondes glaciales. » Telles étaient aussi, dans la plus haute antiquité, les pratiques des Scythes et des Germains ; et les ablutions chez les païens de l'Europe, ainsi que chez les Orientaux, eurent peut-être, quoique liées à un dogme religieux, une semblable origine.

Parmi les modernes, on attribue aux Lapons l'habitude de laisser les enfants sur la neige, jusqu'à ce que le froid ait suspendu la respiration ; alors ils les mettent dans un bain chaud. Plusieurs nations des Indes et de l'Amérique, comme les Péruviens, plongeaient aussi leurs nouveau-nés dans les fleuves. Guillaume Penn trouva de semblables usages établis chez les Sauvages avec lesquels il traita. Buffon assure même que les femmes de l'isthme de Panama se baignent avec leurs enfants dans l'eau froide aussitôt après l'accouchement.

Après avoir rapporté les usages de quelques peuples, il peut paraître intéressant de citer les opinions des médecins et des philosophes. Dès les premiers temps de l'art, plusieurs de ceux-là se déclarèrent partisans de l'eau froide. Tels furent Asclépiade ; Musa, médecin d'Auguste ; Agatinus, de Sparte ; Charmis, de Marseille ; et parmi les modernes, Lohe, Haller, Fissal, Robinson, Floyer, Mahenzic et Fourcroy, conseiller au bailliage de Clermont, furent aussi les apôtres de la même méthode.

Il est remarquable cependant que la plupart des hommes célèbres, tant de l'antiquité que parmi les modernes, tout en admettant l'eau froide pour l'enfant déjà avancé en âge, ont prescrit une température douce pour les premières époques de la vie. Hippocrate, l'aigle de la médecine, ordonnait de laver fort long-temps les jeunes nourrissons avec l'eau chaude. Athènes, où il exerçait sa profession, obéissait à ce précepte ; Galien défendit les bains froids, de peur d'arrêter l'accroissement ; mais il permit d'y accoutumer les jeunes élèves, lorsqu'ils avaient suffisamment grandi.

Des opinions analogues furent adoptées par Théophile

Salomon de Meza, Portugais; de Leurye, Allouel, Nicolas de Grenoble, Gauthier de Chaubry; Buchan, Désessarts, Willich, Alphonse Leroy. Ces médecins, qui se sont occupés spécialement de l'enfance, s'accordent sur ce point, qu'il faut, vers les premiers temps de la naissance, employer les lotions ou des bains chauds, pour passer ensuite peu à peu à ceux qui sont froids. Cependant les auteurs du *Dictionnaire des Sciences médicales*, notamment MM. Hallé et Marc, ont combattu avec force l'application de l'eau froide dans le premier âge de la vie.

Un homme célèbre, qui, dans le dernier siècle, fixa les regards de ses contemporains par la beauté du style et l'originalité de ses idées, aborda aussi cette question. On dénatura sa pensée, parce qu'on se trompa sur le sens de ses expressions. Bientôt l'usage des bains froids pour les nouveau-nés se répandit universellement, et la mode, qui n'admet aucune limite, ne s'arrêta pas même aux enfants; elle pénétra dans toutes les classes de la société, et parut convenir à toutes les époques de la vie. On s'occupa peu d'arriver à une température âpre par des épreuves successives; on se hâta de rompre la glace des fleuves pour se plonger dans les eaux. Des rhumatismes articulaires, des infirmités sans nombre furent le fruit de cette imprudence, qui n'était fondée sur aucune habitude de l'enfance.

Quelle que soit, au reste, l'opinion attribuée sur ce point au citoyen de Genève, ce philosophe ne proclama point une semblable exagération. Son jugement, loin de l'avoir égaré, le porta à recommander une température douce et tiède dans les premières lotions, pourvu qu'on l'abaissât ensuite peu à peu.

Comme on a pensé qu'il fallait accoutumer de bonne heure les corps aux impressions d'un climat rigoureux et inégal, quelques auteurs ont cru les bains froids plus convenables aux peuples du Nord qu'à ceux du Midi, et ils ont affirmé que ceux-là en font un plus fréquent usage que ceux-ci. Un professeur de Strasbourg a savamment discuté cette opinion dans ses *Éléments d'hygiène*.

Si néanmoins on la soumettait à une discussion bien réfléchie, on pourrait la combattre comme trop exclusive. On verrait peut-être autant de peuples dans le Midi que dans le Nord, sous la zone torride que sous la zone glaciale et sous la zone tempérée, qui habituent leurs enfants à l'eau froide. Envisagée sous les rapports médicaux, cette question restera toujours subordonnée à l'état de l'individu, à son tempérament, à ses impressions, à son irritabilité, à ses affections ou à la crainte des maladies héréditaires.

Dans ces divers procédés, on paraît, en général, avoir obéi à un aveugle empirisme et à une routine ignorante. Si des médecins ont sacrifié à leurs hypothèses, les peuples ont été asservis par leurs préjugés; ils semblaient méconnaître que la nature, infiniment riche, n'arrive pas à ses fins par une marche exclusive. Loin de faire des sauts violents, elle enchaîne, elle lie toutes ses opérations. Comme ils ne tenaient point compte des modifications dues à l'état social, ils ne voyaient pas que, si les lotions froides conviennent à certains enfants, elles sont pernicieuses à une foule d'autres.

Après avoir admis, avec le plus grand nombre des médecins, le principe de fomenter chaudement au moyen d'un liquide de 28° à 30° centigrades (1), nous croyons devoir

---

(1) Au-dessus de 36° cent., 28 ou 29 Réaumur, 96° Fahrenheit, le bain est chaud.

Au-dessous de 18° cent., 15 R. et 32 F., il est froid. Chauffé à une température comprise entre ces deux termes, il est tiède, avec des

signaler trois différences principales parmi les enfants appelés nouvellement à la vie. Ces trois divisions, dans lesquelles on peut comprendre toutes les nuances voulues, renfermeront l'enfant robuste ; le débile ou chétif ; enfin, celui d'une force moyenne, mais dont les chairs sont flasques, molles, et qui, profitant peu, a des dispositions au rachitisme, aux scrofules ou à d'autres maladies de la lymphe.

Pour supporter ces distinctions, toujours un peu subtiles, il faut supposer l'homme vivant dans nos sociétés modernes, où son éducation physique doit toujours être proportionnée aux mœurs, aux habitudes du siècle et au rôle qu'il est appelé à jouer sur la scène du monde. Mais, si vous considérez les peuplades barbares, ou ces classes qui, parmi nos nations européennes, sont à demi civilisées, à demi sauvages, et dont les enfants se trouvent destinés à des travaux qui les exposeront sans cesse, et presque nus, aux intempéries de l'air, ne redoutez pas l'eau froide après leur premier développement; traitez-les comme faisaient les peuples du Latium : ils leur ressemblent.

Mais revenons à nos sociétés affaiblies par la civilisation.

1° Si l'enfant pèche par excès de ton, d'embonpoint, de rigidité dans la fibre, s'il est habituellement constipé; s'il est sujet aux affections convulsives, aux soubresauts, aux insomnies et aux douleurs, nous pensons que les lotions et les bains tièdes lui sont nécessaires. L'action du froid, loin d'en faire un Achille ou un Hercule, l'abaisserait au rang d'un Thersite ou d'un Sybarite.

---

nuances nombreuses depuis le chaud jusqu'au frais. Mais le meilleur juge de cet état moyen, c'est la sensation éprouvée dans l'eau ; le thermomètre est loin de pouvoir fournir une mesure exacte, parce que la chaleur et la sensibilité du corps sont différentes chez tous les individus.

Le temps, les circonstances, et surtout les conseils d'un médecin sage, permettront de juger quand et par quelle progression on atteindra une température contraire à celle qui paraît convenir à leurs premières dispositions.

2° Les deux extrêmes des températures seraient également nuisibles à ceux qui n'ont qu'un souffle d'existence. Les bains chauds les affaibliraient, et les froids les tueraient. On se permettra seulement des lotions tièdes de 25° cent., toujours indispensables, d'ailleurs, pour entretenir la propreté.

Plusieurs médecins, et notamment Désessarts, ont conseillé le vin, pour débarrasser l'enfant de la crasse qui enduit la peau. Ce praticien a prétendu que le vin fortifiait les fibres et leur donnait plus de ressort. Il a même ajouté que la partie la plus spiritueuse, s'introduisant dans les vaisseaux absorbants, passait jusqu'au cœur et au cerveau. Sans admettre ces interprétations, aussi singulières que forcées, nous pensons que les lotions de vin, celles de l'eau-de-vie mitigée par trois quarts d'eau, les décoctions de marjolaine, de romarin, de mélisse, de menthe, de thym, ainsi que les diverses eaux spiritueuses, sont parfaitement appropriées aux enfants faibles et d'une venue difficile.

Quoiqu'il soit toujours avantageux de recourir aux frictions sèches avant et après le lavage, elles conviennent encore plus particulièrement dans les cas d'une grande débilité. Rien n'est plus propre à corroborer les organes internes que l'excitation imprimée à la peau par leurs moyens. On les fait sur les cuisses, sur les bras, les reins et la tête. Celles du ventre sont les plus utiles, parce qu'elles favorisent spécialement les facultés digestives.

3° Nous avons compris dans la troisième division, outre les enfants d'une force moyenne, ceux qui ont des dispositions au rachitisme, aux scrofules, etc. On se permettra sur ceux-ci une application plus prompte du froid, sans oublier la première règle qui prescrit d'y arriver progressivement. Une fois parvenu à ce dernier point, il importe de répéter chaque jour l'opération, et de la rendre, par une habitude soutenue, aussi indispensable que le vêtement lui-même, jusqu'à ce que le jeune élève puisse nager, plonger dans l'eau courante, quelle que soit sa température. Alors le corps se fortifiera sans danger; alors il s'endurcira et deviendra assez invulnérable pour ne craindre ni les éléments ni leurs transitions.

Parmi les médecins qui admettent l'eau froide dans l'éducation physique, les uns veulent qu'on l'emploie le deuxième ou le troisième jour après la naissance; d'autres après un mois; d'autres après un an; on demande à se fixer sur ces diverses opinions. Voici ma pensée à ce sujet.

Si la santé de l'enfant ou la saison rendent cette pratique tolérable dans le cours des trois premiers mois, il sera bien de les mettre à profit. On sent de quelle importance il est de fortifier le corps et de le rendre moins impressionnable. Des causes malfaisantes, des dangers sans nombre vont incessamment l'environner de toutes parts, et il y résistera mieux; mais si le premier travail de la dentition a commencé avant que l'élève soit habitué à l'eau froide, qu'on se garde bien d'y avoir recours! Il n'est plus temps: il faut attendre que les seize premières dents soient sorties, et pendant le travail employer de préférence les bains tièdes ou dégourdis.

Observer les effets du froid sur les organes délicats de l'enfant, est un précepte important, et qui mérite une attention toute particulière. S'il devient violet, s'il jette les hauts cris, s'il éprouve des tremblements, arrêtons-nous: plus tard le succès couronnera l'entreprise, maintenant la persévérance serait fatale. Nous ferons par la suite de nouvelles tentatives, nous reprendrons des bains tempérés, nous diminuerons, tous les deux ou trois jours, les degrés de chaleur, et nous atteindrons notre but sans courir des risques. Aux médecins qui dirigent l'emploi des moyens appartient aussi de juger quelles sont les maladies qui doivent repousser l'application du froid. Nous signalerons, en général, les lésions de la peau, et notamment les éruptions telles que la petite vérole, la rougeole, la scarlatine, le millet, les croûtes, les furoncles, les engorgements des glandes, les ulcères, et toute affection d'un organe interne, telle que la diarrhée, la dyssenterie, les catarrhes, la toux, la coqueluche, etc.

L'amour de la nouveauté, après avoir persuadé à des philosophes trop théoriciens que l'emploi de l'eau froide devait être d'une application générale, ne tarda pas à saisir un grand nombre de médecins qui virent dans la glace un remède presque infaillible pour une foule de maux. Selon l'usage, ils la transformèrent en panacée presque universelle, parce que le moyen parut extraordinaire. Croyant pouvoir l'appliquer heureusement dans toutes les maladies de l'enfance, ils ne considérèrent plus ni leur nature, ni leurs différences. Chose étrange, le public, si facile à être abusé par les enthousiastes, ne fut ni crédule, ni docile : il montra la plus vive opposition, parce qu'il voit avec horreur les expériences dangereuses. Le cœur et la tendresse des mères alarmées leur apprirent, sur ces essais périlleux, plus de vérités que toute la science des médecins n'aurait pu leur en démontrer.

D'autres ont borné l'usage du froid et de la glace à certaines affections désignées sous le nom de fièvres cérébrales : ce procédé empirique, qui a compté ses succès, a occasionné parfois des accidents redoutables. Résultat funeste, presque toujours inévitable lorsqu'on joue le tout pour le tout.

D'ailleurs, ces fièvres cérébrales, sur lesquelles la médecine n'est pas parfaitement d'accord, sont trop souvent mises en scène; elles sont les fléaux dont le charlatanisme et souvent l'ignorance se servent pour se donner de l'importance. Avec ces mots barbares, on effraie les parents, comme avec les voleurs et les fantômes on épouvante les enfants. Une fois ces impressions reçues, vous ne calmez jamais une mère tendre et craintive; et cependant, quoi de plus rare aux yeux des gens de bonne foi que ces maladies! On ne sait pas seulement si elles sont des effets ou des affections primitives; mais dans l'une et dans l'autre hypothèse, aucun médecin un peu sensé ne les supposera susceptibles de céder toujours à la même méthode curative; les moyens de guérison seront aussi variés que dans les autres affections, et subordonnés aux causes, aux symptômes, à la marche du mal, au tempérament de l'individu, etc. De semblables vérités, aussi anciennes que l'art lui-même, s'appliquent à toutes les maladies sans distinction, et ne devraient pas avoir besoin d'être rappelées.

C'est surtout à former à son élève un corps sain que l'instituteur doit mettre sa sollicitude. Il doit même, s'il le faut, sacrifier tout à ce grand objet, persuadé que le reste ne lui présentera plus que de légères difficultés, et que la nature le secondera, devancera même son zèle quand il aura rempli son premier vœu (1).

Ceci est facile à comprendre pour ceux qui ont étudié la nature dans ses procédés les plus simples. L'expérience a dû les convaincre que c'est uniquement à l'influence bienfaisante de la gymnastique commencée de bonne heure, et continuée sans relâche, qu'appartiennent les grands effets qui apportent

---

(1) Rousseau, *Émile*.

des changements notables dans la constitution des individus, et laissent sur leur corps une empreinte durable de force et d'énergie.

Il est bien connu, dit Barbier, que le mouvement, dans le premier âge de la vie, et avant que les enfants puissent se mouvoir d'eux-mêmes, favorise singulièrement le développement de leurs organes. C'est en les secouant, en les faisant sauter dans leurs bras que les nourrices les voient se fortifier, augmenter de volume et acquérir plus de force. Ces ébranlements, tout légers qu'ils sont, suffisent pour fortifier les tissus vivants et pour donner à chaque organe une somme de vigueur suffisante pour qu'il sorte de la masse cellulaire dans laquelle il est comme plongé, et pour que sa forme et sa nature se prononcent mieux.

Les enfants ainsi ballottés sont toujours colorés, agiles, gais; ils contrastent avec les enfants que l'on laisse trop longtemps couchés, que l'on ne remue que de loin en loin, et qui montrent un naturel lourd et triste, ont des chairs molles et sans résistance, un tissu cellulaire trop développé, une pâleur profonde. (*Dictionnaire des Sciences médicales.*)

Indépendamment de ces grands avantages, il est aussi généralement reconnu qu'à proportion que les muscles acquièrent plus de force, les organes intérieurs acquièrent aussi plus d'énergie, les facultés intellectuelles plus de vigueur (1).

---

(1) On sait qu'une bonne éducation physique fortifie le corps, guérit plusieurs maladies, fait acquérir aux organes une plus grande aptitude pour exécuter les mouvements commandés par nos besoins. De là plus de puissance et d'étendue dans les facultés de l'esprit, plus d'équilibre dans les sensations. De là ces idées plus justes et ces passions plus élevées, qui tiennent au sentiment habituel et à l'exercice régulier d'une plus grande force.   (CABANIS.)

En effet, l'expérience nous prouve que, dans le premier âge, la liberté, l'exercice et un air pur ont tant d'influence sur le développement des individus, que deux enfants de même âge et de la même constitution, que l'on élèverait séparément, l'un à la campagne en pleine liberté, et l'autre à la ville, sous les yeux de parents aisés, ne se ressembleraient plus au bout d'une année seulement. Le premier, image vivante du bonheur, ressemblerait à la plante vigoureuse des champs, tandis que l'autre, malheureux et languissant, pourrait à juste titre être comparé à la plante étiolée qui végète tristement, privée de mouvement et de lumière. Un tel exemple suffit pour nous convaincre que les précautions, les soins les plus minutieux, des aliments substantiels, ne peuvent jamais remplacer l'exercice et la liberté, et que, dans l'état de nature, le régime le plus simple suffit à l'accroissement ainsi qu'à la conservation des êtres, tandis que, dans la vie civilisée, pour les individus privés d'un air pur et d'un exercice régulier, le même régime produit un effet contraire, particulièrement lorsque les sujets qu'on y astreint sont déjà d'une faible constitution. Les enfants de la campagne nous en offrent un exemple frappant. Dès leur plus tendre jeunesse, nourris d'aliments simples et quelquefois rares, mais libres, et pour ainsi dire abandonnés aux soins de la Providence, on a rarement le temps ou la volonté de s'occuper de leur première éducation. Ainsi que les petits des animaux, ils sont conduits par l'instinct. Faut-il alors s'étonner de la grande différence qu'il y a entre les habitants des campagnes et ceux des cités populeuses?

Il est évident que les premiers jouissent de grands avantages sur les autres. Cependant, malgré toutes les entraves dont la civilisation nous entoure, nous devons également être convaincus que les moyens de procurer à nos enfants une grande partie de ces avantages précieux sont encore à la portée de tout le monde.

Afin de nous convaincre de cette vérité, il suffit d'observer ce qui se passe pour ainsi dire sous nos yeux, parmi les animaux domestiques qui nous entourent. Nous les voyons s'occuper de très bonne heure, et avec une rare sagacité, de l'éducation physique de leurs petits; ils s'oublient, se sacrifient eux-mêmes pour remplir ce grand but. A peine, par exemple, les quadrupèdes sont-ils nés, que la mère les remue, les lèche, les tourne et retourne dans tous les sens, l'un après l'autre, plusieurs fois par jour. Dans la suite, pour leur apprendre à marcher, elle les porte à une certaine distance, les pose doucement à terre, s'éloigne et les appelle en mesurant toujours la portée de sa voix à la distance où elle se trouve d'eux, et, selon que le cas l'exige, elle s'éloigne ou se rapproche davantage. Si le petit est paresseux, elle le pousse avec le nez, et quelquefois même elle le tire par la tête pour le faire marcher.

Dans cette première leçon de gymnastique naturelle, nous voyons que les organes de l'ouïe, de l'odorat et de la vue, sont exercés en même temps que les membres, et qu'à mesure que la famille grandit, la leçon devient plus difficile.

La chatte, entre autres, au milieu de ses ébats avec sa famille, saute sur un objet quelconque, appelle ses petits et reste à la même place jusqu'à ce que plusieurs soient venus à elle, ou au moins qu'ils aient fait des efforts inutiles pour y parvenir. Dirigée par le même instinct, la chienne folâtre, court, bondit, se cache, franchit des fossés avec ses petits. L'oiseau placé sur une branche, dans le voisinage de son nid, appelle ordinairement l'aîné de la nichée en lui montrant la becquée; il l'engage par ses cris à venir la chercher. Comme l'enfant qui prend plusieurs fois son élan avant d'oser franchir un obstacle, le jeune oiseau, battant des ailes pour imiter sa mère, fait aussi le simulacre de voler, sans néanmoins bouger de place, et, si la femelle n'obtient point de succès, le mâle, ordinairement placé sur le bord du nid, à côté du jeune oiseau (sans doute pour l'encourager), le pousse, et d'un coup d'aile le force à prendre son premier vol pour aller trouver sa mère, qui vient ordinairement au-devant de lui. Les mêmes moyens sont employés pour faire sortir toute la nichée, et c'est à dater de ce jour qu'une gymnastique obligée commence pour elle.

Nous voyons donc que, pour tous les êtres vivants, les exercices corporels, sagement dirigés, font la partie essentielle de la première éducation ; que pour l'homme, ainsi que pour les animaux, l'exercice et la liberté sont deux conditions indispensables au développement matériel des organes.

Occupé depuis un grand nombre d'années de l'éducation physique de la jeunesse, nous avons senti, même au début de notre carrière, qu'il était de la plus grande importance pour nous de profiter des leçons du meilleur des maîtres, la nature ; de bien observer les habitudes des animaux en général, afin de pouvoir appliquer à notre espèce une gymnastique naturelle pour tous les âges, pour toutes les constitutions, pour tous les climats. Depuis long-temps la pratique de cette méthode que nous nous sommes appropriée, et qui nous a valu des succès marquants dans tous les pays où nous avons été appelé à l'introduire, nous a convaincu de la manière la plus forte que, pour en obtenir tous les avantages que l'on doit en attendre, l'éducation physique de l'homme devait aussi commencer au berceau.

Ce qui se pratique encore aujourd'hui dans un petit nombre de familles, quoique très insuffisant, prouve néanmoins que quelques parents et instituteurs raisonnables sentent aussi la nécessité absolue de fortifier de bonne heure la constitution de leurs élèves. Plusieurs en folâtrant avec eux, à l'instar du bon Henri IV, sont, sans s'en douter peut-être, leurs premiers maîtres de gymnastique. Mais comme la plupart de ces personnes bien intentionnées sont privées des connaissances et de la pratique nécessaires pour se diriger dans une voie où le zèle et la meilleure volonté ne sont pas toujours suffisants et ne peuvent remplacer l'expérience, elles obtiennent rarement les résultats qu'elles avaient espérés.

Nous croyons donc leur rendre service en indiquant ici, pour la première enfance, et sous la forme de véritables récréations, une série d'exercices progressifs très simples, propres à développer toutes les facultés physiques de cet âge.

Je pourrais faire un grand nombre de citations en faveur de ma méthode, m'appuyer même sur le témoignage des médecins les plus célèbres de toutes les époques; mais à quoi bon? Cela serait superflu pour ceux qui sont doués de bon sens; quant aux routiniers, aux gens à préjugés, aucune preuve, aucun argument, pas même l'expérience, ne peut les convaincre; nous ne pouvons donc que les plaindre et les laisser dans l'ornière où ils s'obstinent à se traîner.

Si la santé et les dispositions de l'enfant le permettent, on fera bien de commencer après le troisième mois, avant le travail de la dentition, qui sera moins pénible pour lui, si son petit corps est préparé. Déjà à cette époque, et même plus tôt, les sujets bien portants devraient être plusieurs fois par jour exposés nus, pendant quelques minutes, à une température douce, sur un matelas ou une couverture, afin qu'ils aient la liberté de mouvoir sans contrainte leurs membres dans toutes les directions. S'il était nécessaire de les exciter, la personne qui les soigne se placerait au pied du lit, les appellerait, et ferait quelques mouvements avec la tête et les bras, afin de les engager à l'imiter. On conçoit aisément que ceux qui sont d'une constitution molle ont besoin d'être stimulés davantage ; par conséquent, si ce moyen ne réussit pas, afin de leur procurer un exercice indispensable, on doit les placer dans une position gênante et les forcer, pour ainsi dire, à développer leurs membres malgré eux pour en changer. Leurs efforts pour se mettre à l'aise équivaudront aux ébats spontanés auxquels se livre l'enfant actif dès qu'il est libre.

On laisse donc l'enfant vigoureux s'ébattre, jusqu'à ce qu'il soit fatigué, c'est-à-dire qu'il cesse de se mouvoir et témoigne l'envie de changer de position. Quant à l'enfant indolent, il faut exiger de lui peu à la fois, agir avec beaucoup de ménagement, et aussitôt qu'il met de la bonne volonté à exécuter ce que l'on demande, il faut l'aider souvent, l'encourager, le caresser, en un mot, tout faire pour lui rendre agréable ce qui est indispensable pour son premier développement. Dès que l'enfant témoigne du plaisir lorsqu'on le déshabille, que, placé sur le dos, il meut ses petits membres avec facilité, on le met sur le ventre sur un coussin un peu dur (au moins de trois pouces d'épaisseur), le corps appuyé depuis les hanches jusqu'aux épaules. La personne à laquelle l'enfant est le plus attaché doit aussitôt se placer devant lui, assez bas pour qu'il puisse la voir facilement, sans être obligé de trop lever la tête ; sans l'exciter on le laisse se mouvoir dans cette position jusqu'à ce que l'on s'aperçoive qu'il fait des efforts pour en changer. Après l'avoir exercé quelques jours alternativement tantôt sur le dos, tantôt sur le ventre, on doit commencer à le placer sur le même coussin, le corps appuyé depuis les épaules jusqu'aux genoux seulement ; alors la personne placée devant lui doit se lever de temps en temps à de courts intervalles, afin de l'obliger, pour la suivre des yeux, à porter la tête en arrière, en prenant un point d'appui sur ses bras et sur ses genoux. Dans la première position sur le ventre, l'enfant étant encore trop faible pour chercher un point d'appui sur ses membres, les mouvements qu'il fait tantôt avec les bras, tantôt avec les jambes, quelquefois même avec tous les membres à la fois, quoique très simples eux-mêmes, sont néanmoins suffisants à cet âge, pour bien le préparer à exécuter dans la seconde position sur le coussin des mouvements que l'on peut déjà considérer comme de véritables exercices; car les muscles des bras, des épaules, du cou, du dos, des lombes, ainsi qu'une grande partie de ceux des cuisses, ont déjà une action très prononcée (1).

Afin d'exciter l'enfant mou, on peut mouvoir doucement dans différentes directions le coussin sur lequel on l'a placé, ayant soin surtout de ne point l'effrayer par des secousses brusques. Si pendant plusieurs semaines de suite aucune indisposition ou autre cause n'a suspendu ses jeux, et que l'enfant témoigne toujours beaucoup de plaisir à s'y livrer, on peut commencer à lui apprendre à se tourner. Pour lui faire exécuter ce mouvement, on le place sur le côté, le poids du corps portant sur l'épaule et sur la hanche, le coude du bras sur lequel il s'appuie rapproché de cette dernière partie, le bras allongé sur le sol. Placé sur un matelas dans cette position, il doit être excité et même aidé un peu; il faut le tourner sur le dos ou sur le ventre, et répéter la même chose des deux côtés, jusqu'à ce qu'il le fasse bien de lui-même.

---

(1) A toutes les époques de la vie, surtout chez l'homme civilisé, les muscles extenseurs ayant moins de vigueur que leurs antagonistes, il nous semble que l'on devrait s'y prendre de bonne heure pour établir autant que possible l'équilibre entre ces deux moteurs des actions mécaniques de l'homme.

Lorsqu'il s'agit d'aider l'enfant, comme il est essentiel qu'il ne s'en aperçoive pas, on passe la main sous le matelas pour le faire tourner doucement du côté où il paraît vouloir s'incliner ; ensuite on le couche sur le dos et l'on essaie de le faire tourner sur le ventre. Comme cet exercice est plus difficile que le précédent, il faut l'aider les premières fois, afin de ne pas lui donner l'occasion de s'impatienter s'il faisait des efforts inutiles.

L'enfant étant couché sur le ventre, si l'on se propose de le faire tourner à droite, on doit lui placer la jambe droite un peu écartée du corps, le talon à la hauteur du genou gauche, la main droite à plat sur le sol à la hauteur de l'épaule, les doigts étendus vers la tête, le bras gauche allongé le long du corps, ou la tête appuyée dans le pliant du coude. Les choses ainsi disposées, la personne se place derrière l'enfant, lui pose la main sur l'épaule droite, et en le tirant un peu vers elle, l'engage à tourner dans cette direction. L'enfant étant sur le dos, si on veut le faire tourner sur le ventre, à gauche, on doit lui mettre la jambe droite sur la gauche, se placer devant lui, le prendre par la main droite, et, en la tirant un peu à soi, lui indiquer que c'est dans cette direction qu'il doit faire des efforts.

L'éducation physique ayant pour but principal le développement complet de toutes les facultés corporelles de l'individu, il est indispensable, même déjà à cet âge, de faire exécuter à l'enfant le même exercice des deux côtés également, de le porter tantôt à droite, tantôt à gauche, et surtout de ne pas l'habituer à toujours être couché sur le même côté.

Nous avons souvent eu occasion de nous convaincre que l'habitude que l'on fait contracter de bonne heure aux enfants de se servir beaucoup plus fréquemment de la main droite que de la gauche, tenait à un système vicieux, entraînait de grands inconvénients, puisque l'individu ne se trouvait développé qu'à demi, et que c'était ordinairement la cause primitive de la difformité de la taille chez un grand nombre de jeunes personnes d'une faible constitution (1). C'est une erreur de croire que les deux bras ne peuvent pas également acquérir la même force, la même adresse, la même perfection dans tous leurs mouvements. Pendant notre longue pratique, l'expérience nous a constamment prouvé le contraire. Ici l'appareil locomoteur est établi aussi sagement que dans les extrémités inférieures; composés de parties semblables, ces membres peuvent, moyennant les mêmes exercices, devenir également forts, également adroits. De temps immémoriaux, dit Fournier, il existe une habitude sociale qui exerce la plus grande influence sur le développement relatif des membres supérieurs, une habitude qui est généralement adoptée, bien qu'elle soit la source de grands inconvénients, pour un grand nombre de sujets, et contre laquelle il est à désirer que tous les hommes instruits s'élèvent de concert: nous voulons parler de la coutume bizarre et absurde d'accorder dans toutes les circonstances une prédominance presque

---

(1) Il doit être évident pour tous les médecins qui ne se prononcent sur la cause d'un état normal quelconque, qu'en tenant compte des phénomènes physiques au milieu desquels ils se développent, que cette courbure fréquente que l'on remarque dans la colonne vertébrale est, dans la presque totalité des cas, le résultat d'une supériorité en énergie vitale, et par suite du développement physique que fait acquérir aux muscles de l'épaule droite l'habitude que l'on fait de bonne heure contracter aux enfants, de se servir beaucoup plus fréquemment de la main droite que de la main gauche. Les muscles trapèze, rhomboïde, angulaire, dentelé, postérieur supérieur, surmontent à la longue l'action de leurs antagonistes.

(LACHAISE, *Déviation de la colonne vertébrale.*)

exclusive d'action aux membres du côté droit. Il résulte de cet usage qu'il n'existe bientôt plus de symétrie entre les deux moitiés latérales du corps, et que toutes les parties de l'une sont très développées, tandis que celles de l'autre toujours inactives sont presque atrophiées. (*Dictionnaire des Sciences médicales*, t. 38. *Orthopédie,* Fournier, Pesciny, Begin.)

Si l'enfant a fait assez de progrès dans les exercices précédents, c'est-à-dire s'il fait de lui-même avec facilité tous les mouvements décrits plus haut, on peut déjà, si la saison le permet, le laisser en liberté des heures entières en plein air sur le gazon. Mais comme il faut toujours l'occuper, afin de lui faire exécuter un nouvel exercice, la personne qui le surveille se place à côté de lui, et tout en jouant le met doucement sur le dos, pose sa main droite sur ses petites jambes, lui tend la main gauche que l'enfant saisit avec les deux siennes, et aussitôt qu'il tient ferme, on le tire doucement à soi jusqu'à ce qu'il se trouve assis. (*Pl.* 1, *fig.* 1.) On le replace lentement dans la première position sur le dos, et l'on répète ce mouvement plusieurs fois de suite, ayant soin surtout de le tirer également des deux mains et de ne pas le laisser retomber rudement, ce qui le dégoûterait de cet exercice, au lieu que, si l'on s'y prend adroitement, on le verra bientôt s'asseoir de lui-même en s'appuyant sur ses coudes et ses mains.

Aussitôt que l'élève fait avec facilité l'exercice précédent, on le met sur les genoux et sur les mains ; la personne qui l'aide s'assied à terre devant lui, les jambes étendues de chaque côté de l'enfant. La personne pose ensuite à plat les mains de l'enfant sur ses genoux, lui parle pour l'obliger à lever la tête, et dès que ce dernier s'appuie également sur les deux mains, l'aide en portant lui-même sur ses deux mains placées à terre de chaque côté du corps, se meut doucement en avant en glissant sur son derrière, sans bouger les talons, jusqu'à ce qu'il s'aperçoive que l'enfant est presque à genoux, et qu'en le laissant un instant dans cette attitude il fait des efforts pour se redresser. (*Pl.* 1, *fig.* 2.) Par un mouvement rétrograde on le remet dans sa première position, et l'on continue de glisser alternativement en avant et en arrière, jusqu'à ce que l'on s'aperçoive que l'enfant est fatigué. Pour cet exercice il faut, en étendant plus ou moins les jambes, donner au point d'appui des mains de l'enfant (les genoux de l'aide) un degré d'élévation proportionné aux forces de l'élève. Si l'on sait bien s'y prendre, l'enfant qui n'a presque point d'effort à faire dans cet exercice, en se sentant ainsi balancé dans deux directions diverses, témoigne ordinairement beaucoup de plaisir. Souvent déjà à la seconde leçon, il quitte de lui-même le point d'appui que lui présentent les genoux du maître, redresse le haut du corps, et se tient en équilibre sur ses deux genoux. Dans cette position les jambes du maître doivent encore lui servir de barrière pour le retenir en avant si cela est nécessaire, et pour l'empêcher de tomber de côté.

Si l'enfant a réussi dans tous les petits exercices que nous venons d'indiquer, on peut être sûr que, dès qu'il sera en liberté, il essaiera de les faire tout seul, en y ajoutant beaucoup de ceux que l'instinct lui suggérera. Afin de s'en convaincre, qu'on place à sa portée une chaise assez basse pour qu'il puisse en saisir le siége lorsqu'il est à genoux, on le verra bientôt se lever à l'aide de ses mains, se tenir debout contre la chaise jusqu'à ce qu'il soit fatigué. Maintenant, mères tendres, ne craignez plus les suites des chutes que vos enfants pourront faire. Nous pouvons vous promettre qu'elles seront très rares, et que, pour un enfant ainsi préparé, il est impossible qu'elles soient dangereuses. Soyez aussi bien convaincues que, lorsqu'on sait s'y prendre adroitement, les enfants ont tant de plaisir à ces jeux que c'est toujours à leur maître de gymnastique qu'ils témoignent le plus d'attachement. Quelques gens superficiels m'objecteront peut-être qu'il est fort difficile d'enseigner à des enfants des exercices que l'on ne sait pas soi-même. Apprenez-les avec eux, et vous aurez le double avantage de fortifier votre constitution et de mériter leur attachement. Croyez-moi, bon père, sage instituteur, ne craignez pas de vous rendre ridicules en vous livrant à des exercices qui ont pour but unique d'augmenter les forces, l'agilité, de conserver ou de rétablir la santé. A dater d'aujourd'hui, il faut absolument que vous soyez le maître de gymnastique de vos enfants, de vos élèves, car les exercices que nous allons décrire ne conviennent plus aux femmes; avec leurs vêtements elles ne peuvent pas comme nous se rouler à terre et faire toutes les gambades nécessaires pour amuser et développer vos élèves.

Dès que l'enfant n'a plus besoin que d'un peu d'assistance pour se mettre à genoux, on commence à essayer de le faire lever. Afin d'y parvenir, l'aide toujours placé à terre, et l'enfant à genoux entre ses jambes, l'on prend de la gauche ses deux petites mains pour lui donner un point d'appui, et en la déployant en avant, on lui place la jambe gauche, le pied à plat, et appuyée contre le genou droit. (*Pl.* 1, *fig.* 3.) Dans cette position, en tirant un peu à droite la main à laquelle l'enfant est fixé, on l'oblige en lui faisant porter le poids du corps sur les mains et sur le pied gauche, à se lever presque de lui-même sans effort, et il est tout étonné de se trouver debout. Cet exercice doit être continué sur le même pied, jusqu'à ce que l'enfant l'exécute avec facilité; ensuite on lui fait faire la même chose sur l'autre jambe, jusqu'à ce

qu'on soit certain que cette partie a acquis le même degré de développement que l'autre. Il est entendu que dans cet exercice les deux points d'appui sont dans la diagonale. Si, pour se lever, l'enfant pose sur le pied droit, il doit trouver le point d'appui de ses mains sur la droite de l'aide, lequel doit tirer doucement dans cette direction. Aussitôt que l'enfant montre de l'assurance dans ses mouvements, et du plaisir à s'exercer, on lui fait exécuter le lever alternatif que nous venons de décrire, en ne l'aidant que d'une seule main. Placé sur le pied gauche et le genou droit, l'aide lui présente la main gauche sur laquelle l'enfant pose la droite, et on le fait lever ainsi qu'il a été expliqué plus haut, ayant soin surtout en appuyant ses mouvements de ne pas lui donner plus d'assistance qu'il ne faut. Plus l'enfant fait de progrès, moins on doit lui donner d'appui.

Ainsi préparé pour apprendre à marcher seul, notre élève n'a pour ainsi dire besoin d'aucune assistance étrangère ; car dès qu'il est habitué à se lever et à se mettre à terre tout seul, il essaiera bientôt, en s'aidant de tous les objets qui seront à sa portée, de parcourir dans tous les sens l'appartement dans lequel il se trouve. Si cependant, contre notre attente, il avait de la peine à quitter sa place, lorsqu'il est debout, comme cette position, plus ou moins prolongée, est pour lui beaucoup plus fatigante que la marche, il est nécessaire de l'engager d'une manière quelconque à essayer ses forces, et si d'autres moyens n'ont pas réussi, on peut même lui donner la main.

Quoique l'on doive supposer que notre élève fait de lui-même beaucoup d'exercices lorsqu'il est en liberté, il est cependant toujours très avantageux pour lui de lui faire répéter au moins une fois par jour le dernier qu'on lui a enseigné, afin de le bien préparer à exécuter celui qui doit suivre.

Comme il est certain que son intelligence se sera aussi développée à proportion que ses facultés physiques auront acquis plus de vigueur et d'aptitude, on peut maintenant commencer à exercer son entendement d'une manière plus positive, en faisant devant lui quelques mouvements très simples qu'on l'engage à imiter. Par exemple : le mouvement de balancier d'un seul bras, tantôt du gauche, tantôt du droit; ensuite le même mouvement alternatif en marchant, ayant soin de faire voir à l'enfant que le bras droit se meut en même temps et dans la même direction en avant que la jambe gauche. L'on peut aussi, en portant l'un des pieds en avant, ramasser à terre un objet quelconque, tantôt d'une main, tantôt de l'autre. Premièrement, ramasser de la droite, le pied droit en avant, la même chose de la gauche; ensuite ramasser de la gauche, le pied droit en avant; faire la même chose de la main droite, en portant le pied gauche en avant.

Quand votre élève a réussi dans ces différents exercices, afin de varier ses plaisirs, l'aide se couche sur le sol à plat sur le dos, les jambes tendues, les bras allongés de chaque côté du corps ; dès qu'il s'aperçoit que l'enfant le regarde, sans bouger le haut du corps ni les bras, il lève doucement aussi haut qu'il peut une de ses jambes tendues, et la laisse retomber lentement; il fait la même chose avec l'autre, et se lève aussitôt. S'il voit que l'enfant se couche pour imiter ce qu'il vient de voir, l'aide se place aussitôt debout devant lui et répète avec l'une de ses jambes l'exercice qu'il a fait étant couché par terre. Après avoir exercé chaque jambe séparément, s'il voit que l'enfant soit bien disposé, il exécute lentement le mouvement alternatif, en comptant *un*, *deux*, *un*, *deux*.

Si, au commencement, l'élève avait de la peine à exécuter ce mouvement, le maître se placerait à genoux à côté de lui, et l'aiderait en posant sur le bas-ventre de l'enfant la main gauche à plat, les doigts allongés vers les cuisses, la main droite sous la partie supérieure de la jambe levée, afin d'aider celle-ci dans son mouvement d'ascension, ainsi que pour empêcher qu'elle retombe trop rudement en reprenant sa première position.

Lorsqu'on est parvenu à faire exécuter à l'enfant le mouvement que nous venons de décrire, on peut essayer, lorsqu'il est couché sur le dos, de lui faire lever les deux jambes à la fois. Si, à genoux à côté de lui, le maître a de la peine à se faire comprendre, il doit aussitôt faire asseoir l'enfant, se coucher à côté de lui, exécuter lentement l'exercice plusieurs fois de suite, replacer l'enfant sur le dos et essayer de nouveau. Si l'on s'aperçoit qu'il fait des efforts inutiles, il faut l'aider en plaçant la main gauche à plat vers le creux de l'estomac, et la droite vers le haut des cuisses; mais si, malgré cette assistance, il ne peut parvenir à lever les deux jambes à la fois, il faut pour le moment renoncer à cet exercice, et ne le reprendre que plusieurs jours après, lorsque l'enfant paraît bien disposé. En attendant, il faut en essayer un autre qui lui est très avantageux, et qui ordinairement amuse beaucoup les enfants. L'enfant à genoux ou debout, l'aide se couche sur le dos à côté de lui, les bras allongés le long du corps, et commence en levant chaque membre l'un après l'autre à frapper distinctement sur le plancher à temps égaux, quatre coups successifs : la jambe droite commence, la gauche suit, puis la main gauche, et la droite forme le dernier temps. On peut aussi compter les battements en commençant avec les bras, en comptant : 1. droite, 2. gauche, 3. droite, 4. gauche, et augmenter de vitesse.

De tous les exercices que nous avons indiqués jusqu'ici, c'est celui dont la vue et l'exécution amuse le plus les élèves ainsi que les spectateurs ; mais comme il serait fort difficile d'astreindre un enfant de cet âge à la régularité des battements, et qu'un semblable mouvement bien cadencé exige plus d'efforts de la part de l'entendement que des muscles, nous lui laissons la liberté de mouvoir ses petits membres comme il veut, car nous savons par expérience que, s'il est bien préparé, il le fera d'abord avec beaucoup de vivacité et dans la suite régulièrement.

Lorsqu'on observe les mouvements mécaniques des animaux, la grâce et la souplesse qu'ils mettent dans leurs actions les plus simples, on peut aisément se convaincre que, dans leur première éducation physique, toutes les parties ayant été également développées, ils peuvent indistinctement se lever, se coucher, tourner, s'élancer dans quelque attitude qu'ils se trouvent, en prenant leur point d'appui tantôt sur l'une des parties du corps, et tantôt sur l'autre.

Il n'y a que l'homme civilisé qui ne sache plus s'asseoir à terre, se coucher, se lever vite ou s'élancer avec rapidité en prenant indistinctement son élan sur l'un des pieds ; la plupart n'ont de l'adresse que dans une seule main, sur un seul pied, les autres n'étant point exercés.

Pour s'asseoir à terre à gauche, on porte la jambe droite derrière la gauche, la pointe du pied tournée dans la direction du pied qui est devant ; ensuite, en portant le poids du corps sur la partie gauche, on ploie les deux genoux en même temps, et, dans le moment où le droit est le plus rapproché du talon gauche, le bras du même côté, qui se trouve allongé en arrière, reçoit tout le poids du tronc sur la main qui pose à plat sur le sol. (*Fig.* 4, *pl.* 1.)

Ce mouvement croisé présente sur la diagonale deux points d'appui sur des bases larges.

Il s'agit maintenant de se lever vite et avec adresse.

Assis à terre, en portant le bras gauche tendu un peu en arrière, la main à plat, les doigts allongés dans la direction opposée à celle où on se lève, en arrière ; la jambe droite, croisant au-dessus de la gauche, prend son point d'appui en posant le pied à plat, le talon en face du genou gauche ; ensuite, en se donnant un élan avec le pied sur lequel on pose, on porte le corps un peu en avant, et les deux pieds qui le soutiennent faciliteront son ascension. (*Pl.* 1, *fig.* 4.) Si l'élève a les cuisses courtes et charnues, afin de lui rendre ce mouvement plus facile, il faut le faire tourner un peu sur la hanche gauche au moment où le pied droit prend sa position devant le genou gauche, ou bien le faire lever en avant, en prenant son point d'appui sur le bras gauche et le pied droit (*pl.* 1, *fig.* 5), lequel posé à plat sur le sol, après avoir ployé la jambe, afin de porter le talon en arrière, dans la direction du haut de la cuisse. Dans ce cas-ci, où le mouvement a lieu en avant, le premier élan est communiqué par le bras, qui appuie jusqu'au moment où le poids du corps repose entièrement sur les deux pieds. Lorsqu'il s'agit de s'asseoir et de se lever à droite, c'est la jambe gauche et le bras droit qui présentent les points d'appui.

Comme nos exercices deviennent toujours plus difficiles, il est essentiel de bien se persuader que ce n'est que jusqu'à l'âge de puberté que les enfants peuvent exécuter sans aucune peine un grand nombre de mouvements qui leur deviennent très pénibles passé cet âge.

C'est pourquoi nous recommandons de prendre des précautions lorsqu'il s'agit d'exercer des individus déjà formés, et souvent d'une constitution délicate. Dès que l'on fait avec facilité les exercices décrits précédemment, on peut commencer, lorsqu'on est couché à terre, à se lever de diverses manières. Par exemple : couché sur le dos, pour se lever vite et avec assurance (à droite), l'on passe la jambe gauche au-dessus de la droite, l'épaule du même côté glisse un peu en arrière sur les planches, de manière à ce que le bras droit présente un point d'appui depuis le coude jusqu'à la main, qui se trouve à plat. Dans cette position, en rapprochant le coude du corps et faisant un faible mouvement de pivot sur la main qui supporte, on se lève doucement, ayant soin de porter également sur les deux bases de soutien.

Aussitôt que l'on s'aperçoit que l'élève prend son élan sans hésiter, il faut l'accoutumer à se lever d'un seul bond avec toute la vitesse possible. On peut aussi, couché sur le dos, les bras allongés de chaque côté du corps, se lever d'un seul bond sans tourner; mais cet exercice, qui ne présente pas plus d'avantages que le précédent, peut plutôt être considéré comme un tour de force que comme un exercice salutaire, et par conséquent nous ne pourrions en recommander que les mouvements préparatoires, si nous n'avions pas plusieurs exercices élémentaires qui remplissent le même but. Couché sur le ventre, les bras étendus en avant, pour se lever vite et facilement de cette position, il faut retirer les deux bras vers le corps, les mains placées en ligne avec la poitrine, en appuyant fortement sur ces dernières; on retire vivement les genoux vers la figure : l'élan communiqué par les bras au haut du corps le rejette fortement en arrière sur les genoux et sur les pieds. Lorsque cet exercice est bien exécuté, la position sur les genoux, qui n'est que momentanée, doit être imperceptible.

Parvenu à l'âge de deux ans, si notre élève n'a éprouvé aucune interruption dans ses petits exercices, et qu'il les exécute tous avec facilité, l'on doit essayer de nouveau de lui faire lever les deux jambes à la fois lorsqu'il est couché sur le dos, la première fois, deux ou trois reprises seulement.

Pendant cette action, qui est un peu difficile, l'on fait poser à l'enfant, des deux côtés du corps, les mains à plat sur le sol, les doigts allongés dans la direction des cuisses. L'aide à genoux, du côté droit de l'enfant, en plaçant sa main gauche à plat sur le bas-ventre de ce dernier, présente un point d'appui, lequel rend cet exercice plus ou moins difficile, selon le degré de pression que l'on exerce sur l'abdomen, et qui sert à seconder efficacement l'action contractile des muscles qui a lieu pendant cet exercice. Ainsi, selon que le cas l'exige, l'on doit éloigner ou rapprocher des parties qui agissent la main qui sert d'appui ; c'est-à-dire qu'à proportion des progrès que fait l'élève, la main qui aide se place aussi plus haut vers la poitrine, jusqu'à ce que l'on s'aperçoive que l'élève n'a plus besoin d'aucun secours.

Dès que l'on est parvenu à bien exécuter sans assistance l'exercice qui précède, on doit essayer aussi de faire le mouvement inverse. Couché sur le dos, à plat, lever et baisser le tronc sans bouger les jambes ni s'aider des mains : l'élève, placé dans la position décrite plus haut, l'aide, à genoux près de lui ou assis (*pl.* 2, *fig.* 6), les premières fois seulement, le prend par les mains, et, moyennant un peu d'assistance, le place assis (*pl.* 2, *fig.* 7), lui fait reprendre doucement la première position sur le dos, et continue cet exercice jusqu'à ce que l'élève n'ait presque plus besoin d'assistance.

Maintenant, au lieu de présenter sa main comme appui, il pose son bras en travers au milieu des cuisses, et fait asseoir et coucher alternativement son élève sans l'aider d'aucune autre manière. Après avoir répété cet exercice pendant quelques jours, si aucun défaut de conformation, une inégale distribution de poids entre les parties ne l'empêche de le faire avec facilité, on éloigne l'appui du centre de l'action. Depuis la première position du bras sur les cuisses, on recule 1° jusqu'aux genoux, 2° jusqu'aux jambes, 3° sur les deux pieds ; enfin on lui fait élever et baisser alternativement tantôt le haut du corps et tantôt les jambes sans aucune assistance étrangère. Il est essentiel ici d'observer que plus on exécute cet exercice lentement, et plus il est difficile, et que ceux qui s'accoutument à faire, avant de lever ou baisser le corps, une forte aspiration et retiennent leur haleine jusqu'au moment où la contraction musculaire cesse, ont un grand avantage sur ceux qui négligent cette précaution.

Il est entendu que, pour bien faire cet exercice, il ne faut pas se donner le moindre élan et ne pas enlever une partie avant que l'autre soit posée bien d'aplomb sur le sol.

Afin de varier les exercices, le maître peut commencer maintenant à faire courir son élève premièrement en ligne droite, en avant, ensuite en arrière, puis en décrivant un cercle dans le centre duquel il doit être placé. Dans les deux manières de courir, pour l'encourager, ainsi que pour accélérer à volonté le mouvement des jambes de son élève, le maître doit le tenir par les deux mains, courir à reculons lorsque celui-ci va en avant, et exécuter le mouvement contraire lorsque l'enfant va en reculant. Pour faire courir l'élève en cercle à gauche, l'aide se place dans le centre, le prend de la gauche (*pl.* 2, *fig.* 8), et lui fait décrire un cercle, en courant, qu'il agrandit autant que possible en allongeant le bras et suivant l'élève ; l'on doit faire la même chose l'élève tournant à droite. Dans l'un ou l'autre de ces cas, il ne faut pas oublier que, pour bien appuyer celui qui court, il faut le tenir par la main qui correspond à la sienne. Tenu de la sorte, quelque rapide que soit la course, les chutes que l'enfant fera ne peuvent avoir aucune conséquence fâcheuse, puisque dans cette position aucune articulation n'est hors d'aplomb et que la traction du bras fixé s'opère par la contraction des muscles les plus forts de la poitrine dans une direction naturelle.

Afin de le préparer à d'autres exercices, ainsi que pour fortifier et assouplir les extrémités inférieures, on peut déjà commencer à le faire plier et enlever. Placé bien d'aplomb sur les hanches, les mains appuyées sur celles de l'aide (*pl.* 2, *fig.* 9, première position), en portant les genoux en avant sans les écarter, l'élève plie les articulations des extrémités inférieures, penche le haut du corps un peu en avant, porte sur la plante des pieds, s'assied pour ainsi dire sur les talons (seconde position), et revient doucement à la première position. Cet exercice, qui doit se faire lentement, demande dans le commencement beaucoup d'assistance de la part du maître.

Si, après quelques jours de pratique, vous voyez que votre élève peut se passer d'assistance pour plier et enlever, placez-vous devant lui dans la position indiquée plus haut (assis sur les talons, les mains appuyées sur les hanches), et dans cette attitude, sans écarter les jambes, faites de petits sauts alternatifs en avant, en arrière, de côté, à droite, à gauche, sans presque bouger de place. Si cette manœuvre ne divertit pas beaucoup votre élève, cessez ; car il n'est pas bien disposé, peut-être est-il malade ; mais si le contraire a lieu, s'il s'amuse de vous voir sautiller ainsi accroupi, s'il saute de joie, engagez-le à essayer de faire la même chose. Je suis bien trompé si les différentes gambades qu'il fait pour vous imiter ne vous font pas rire à votre tour.

Suffisamment préparé par les exercices précédents, on peut essayer de faire alternativement lever et asseoir l'élève sans permettre qu'il plie les extrémités inférieures. L'élève, assis sur le sol (*fig.* 10, *pl.* 2), le maître pose à plat le pied droit contre ceux de l'enfant, le prend par les deux mains, et en lui faisant raidir les extrémités inférieures, il le tire doucement à lui jusqu'à ce qu'il soit debout, le laisse retourner doucement à la première position, assis, les jambes toujours tendues, et continue cet exercice plusieurs fois sans interruption. Aussitôt que l'élève fait cet exercice facilement, on le fait coucher à terre, à plat sur le dos, les bras collés de chaque côté du corps; ensuite le maître se place derrière lui, entrelace les doigts de ses deux mains, les place ainsi réunies sous la nuque de l'enfant (*fig.* 11, *pl.* 2), et en l'engageant à raidir tout le corps, il le soulève doucement et le pose à terre plusieurs fois de suite, l'élevant premièrement à la hauteur des genoux, ensuite à la hauteur des hanches, et puis après avoir répété les deux derniers exercices pendant plusieurs jours, il le lève debout d'un seul temps. Cet exercice, souvent répété, est un des plus propres pour fortifier en peu de temps tous les muscles, particulièrement ceux du tronc et ceux des extrémités inférieures.

Il est essentiel de faire observer ici que, parvenu à la position debout, le maître, pour continuer l'exercice, ne doit pas replacer son élève sur le dos par un mouvement inverse, il doit lui laisser la liberté de reprendre seul la première position sur le dos.

Si jusqu'à présent notre élève a bien réussi, nous pouvons avec assurance commencer une leçon de voltige faite pour lui, c'est-à-dire pour un enfant vigoureux de trois ans. Le maître, assis sur un tabouret ou sur une chaise d'une grandeur ordinaire et isolé, fait placer l'élève devant lui bien d'aplomb sur les deux jambes (*pl.* 2, *fig.* 12), le prend par les mains, et après l'avoir fait plier et enlever plusieurs fois de suite, on lui explique qu'à la suite d'un élan il doit sauter et se placer à genoux sur ceux du maître (*pl.* 2, *fig.* 13). Au moment de l'élan, le saut doit être rendu plus ou moins facile selon que le cas l'exige, moyennant l'appui que l'élève trouve sur les mains du maître. Il est entendu que la traction des mains de l'aide doit coïncider avec l'élan que se donne l'élève. Aussitôt que l'élève fait bien cet exercice, l'on peut essayer, d'après les mêmes principes, de le faire sauter sur les genoux du maître (*fig.* 14), 1° à cheval ; 2° assis de côté (*fig.* 15) ; 3° debout sur les deux pieds ; 4° debout sur un pied (*fig.* 16), en équilibre, tantôt sur le pied droit, tantôt sur le gauche. Pour s'asseoir de côté, l'enfant, fixé par les mains à la suite d'un élan, se place assis sur les genoux du maître, les jambes pendantes du même côté. Après lui avoir fait répéter cet exercice des deux côtés également, on doit le lui faire exécuter d'une manière alternative, c'est-à-dire faire plusieurs sauts successifs tantôt à droite, tantôt à gauche, ne laissant entre chaque saut que l'intervalle nécessaire pour prendre un nouvel élan.

Afin d'habituer l'élève à ne point faire plus de sauts d'un côté que de l'autre, et pour établir en même temps une certaine régularité dans les mouvements, et indiquer le sens dans lequel se fait le saut, on tourne un peu dans cette direction les mains auxquelles l'enfant est fixé, en commandant à temps égaux, *droite, gauche, droite, etc.*, jusqu'à la fin de l'exercice. Viennent ensuite debout sur les genoux du maître posant sur les deux pieds à la fois, enfin le même exercice posant sur un seul pied.

Quelque imparfait que soit l'équilibre qu'un enfant de cet âge peut prendre sur la base mobile que lui offrent les genoux du maître, néanmoins, afin de le rendre attentif, il est avantageux de commencer alors de lui donner une faible idée de l'équilibre sur des bases mobiles. Il faut donc exiger que l'élève cherche à se maintenir en équilibre sans aucune assistance.

Outre les exercices que nous venons de décrire pour la

première enfance, il en est encore un grand nombre de salutaires et d'agréables que les enfants font d'eux-mêmes, et que l'on peut modifier selon que le cas l'exige, la prudence devant ici toujours servir de règle à la pratique. Il faut surtout bien se persuader que c'est à régler la durée de ces exercices, leur répétition plus ou moins fréquente, la préférence que l'on doit accorder aux uns sur les autres, selon le besoin de l'individu, que doivent tendre tous les préceptes de l'éducation physique. Pendant notre longue pratique, nous avons constamment observé que, lorsque l'exercice se trouve toujours restreint dans des limites appropriées à chaque individu, il ne laisse après lui que des changements favorables, et n'exerce qu'une influence bienfaisante. Il faut surtout bien se convaincre que l'essentiel est de laisser aux enfants, en les surveillant avec soin, beaucoup de liberté, de ne point les brusquer, et surtout de leur témoigner immédiatement de la satisfaction toutes les fois qu'ils font d'eux-mêmes un nouvel exercice. A l'âge de deux ou trois ans, notre élève, dont l'intelligence a sans doute aussi fait des progrès, peut déjà exécuter, en jouant, un grand nombre des exercices élémentaires des différentes séries du cours complet ; car si nous le comparons à d'autres enfants de son âge qui n'ont pas joui des mêmes avantages, nous pourrons aisément nous convaincre que notre élève, à quatre ans, est plus développé au physique que l'un de ces grands maladroits de quinze ans, que l'on a soigneusement empêchés de courir ou de sauter dans la crainte qu'ils ne se fissent du mal. Supposez même que, forcés de suivre l'exemple de ses compagnons d'école, le jeune homme dont il est ici question fréquente pendant plusieurs années une bonne école gymnastique, notre élève aura toujours sur lui de très grands avantages, car à la suite de la méthode qu'il a suivie, toutes les actions de l'homme lui sont devenues si naturelles, que, dans les mouvements les plus simples comme dans les plus compliqués, il agit constamment d'après les lois de la dynamique.

Indépendamment de tous les avantages que nous venons de signaler ici, une expérience d'un grand nombre d'années nous a convaincu que, si l'on continue jusqu'à un certain âge ces exercices qu'on a commencés de bonne heure, et qu'on les fasse avec régularité, on rend à l'homme civilisé une grande partie des qualités physiques dont il était doué dans l'état de nature. L'ordre que l'action musculaire établit dans tous les actes de la vie assimilatrice devient permanent, la santé est affermie, et qui peut douter que, dans toutes les circonstances de la vie, l'on ne trouve dans cette constitution vigoureuse des ressources incalculables? Nous ajouterons, sans crainte d'être contredit, que l'éducation physique bien dirigée a une telle influence sur le développement général de l'individu, que, même dans les actions les plus ordinaires de la vie, il est très aisé de distinguer une personne à qui une somascétique bien entendue a donné une tournure mâle et cette démarche assurée, d'avec l'homme qui mène habituellement une vie sédentaire, et dont l'existence est pour ainsi dire une réclusion perpétuelle. Cette différence devient encore plus sensible lorsque ces deux individus sont exposés aux mêmes vicissitudes. Le premier, ressemblant davantage à l'homme de la nature, résiste à toutes sortes de fatigues et aux privations les plus dures, trouve des moyens d'existence et de salut où l'autre ne rencontre que des obstacles insurmontables pour lui, la misère et souvent la mort. Habitué aux dangers dès son enfance, le premier est plein de confiance dans sa vigueur et dans son adresse, et souvent le courage audacieux que nous admirons dans un tel homme, n'est absolument que le résultat de la conviction qu'il a de ses propres forces. On peut donc aisément conclure que celui qui a des moyens de salut pour la plupart des circonstances critiques de la vie, doit aussi être plus capable de grandes actions que celui dont le courage se trouve paralysé par le manque de force et d'adresse.

Enfin, puisqu'il est évident qu'il ne reste absolument à l'homme que deux moyens infaillibles pour se préserver du danger, en évitant avec soin toutes les occasions qui peuvent nous y entraîner, ou bien en s'armant contre les événements imprévus, pour ceux qui sont doués d'un jugement sain, le choix ne peut être douteux ; car, quoique en apparence le premier de ces moyens semble nous être indiqué par la sagesse même, l'on sera bientôt persuadé du contraire, si l'on réfléchit dans combien de situations pénibles l'homme le plus circonspect peut se trouver inopinément, et comme il est alors douloureux de voir périr misérablement un être qui possédait tous les éléments nécessaires à son salut !

Nous ajouterons encore qu'il est nécessaire d'observer, quand on s'exerce soi-même, ou que l'on dirige des leçons suivies de gymnastique, que, lorsque les exercices ont lieu à la fin du jour, l'on peut fatiguer les élèves sans aucune conséquence ; mais qu'il n'en est pas de même lorsque, avant de se livrer aux travaux de l'esprit, l'on prolonge l'exercice jusqu'à la lassitude.

Nous avons observé, sur nous-même et sur beaucoup de nos élèves, que l'homme physique, une fois fatigué, était inhabile aux travaux de l'esprit ; il est facile de comprendre que les contractions musculaires agissent d'une manière si puissante sur le cerveau par l'intermédiaire des nerfs, qu'il est impossible qu'un exercice trop prolongé ne paralyse pas plus ou moins les facultés de l'esprit.

CALLISTHÉNIE*.

CHAPITRE PREMIER.

EXERCICES DES EXTRÉMITÉS INFÉRIEURES.

DE LA MARCHE, DE LA COURSE ET DU SAUT.

De tous les exercices somascétiques, la natation exceptée, une marche aisée et d'aplomb, la course, doivent obtenir la préférence sur les autres, parce que ce sont les mouvements les plus naturels à l'homme, et ceux dont nous avons le plus souvent besoin.

La marche, la course et le saut, portés à un certain degré de perfection, même pour les femmes, doivent aplanir beaucoup d'obstacles dans les voyages, et procurer également, dans beaucoup de circonstances, un grand avantage à ceux qui se trouvent dans le cas d'en faire usage. Ce sont ces considérations qui m'ont engagé à mettre en tête de mes exercices ceux qui sont généralement reconnus les plus utiles, les plus faciles à apprendre, et ceux qui contribuent le plus au développement des forces et à la conservation de la santé lorsqu'on s'y livre avec modération.

En parlant de marche, j'entends ce mouvement gracieux et noble, au moyen duquel le corps, qui se transporte d'un

---

* De κάλλος, beauté, et σθένος, force.

lieu vers un autre, peut augmenter ou ralentir la rapidité de ses mouvements, sans déranger l'équilibre des parties agissantes.

Marcher, c'est faire un mouvement progressif. Le corps reste un moment en station sur un pied pendant que l'autre se porte en avant ; on fait alors tomber le centre de gravité du corps de l'un des pieds sur l'autre (1).

L'on pourrait m'objecter que tout le monde sait ordinairement marcher, quand les défauts de conformation originaires ou accidentels n'y mettent point obstacle ; mais ma propre expérience m'a convaincu du contraire, et, pour peu que l'on y fasse attention, on aura souvent occasion de remarquer que l'on voit très peu de personnes, quoique bien faites, qui possèdent en marchant le véritable aplomb, l'assurance et la dignité convenables. Ce mouvement bien exécuté fait apprécier, non-seulement la force du corps, mais, plus qu'on ne pense peut-être, le caractère moral de l'individu.

PREMIÈRE SECTION.

DE LA MARCHE EN GÉNÉRAL.

Il est peu d'actions de l'économie, dit Barbier (2), que l'habitude modifie plus puissamment que la marche. Le mé-

---

(1) Lorsque l'on est dans le cas d'instruire beaucoup d'élèves en même temps, il est indispensable d'établir une discipline et des commandements militaires, afin de pouvoir faire exécuter la plupart des exercices élémentaires à un grand nombre de sujets à la fois. Or, quand on se propose de faire des exercices dans une chambre, il faut se munir de souliers de crin.

(2) *Dictionnaire des Sciences médicales.*

-canisme de celle-ci, primitivement acquis et formé par un long apprentissage, devient dans la suite tout habitude, de sorte que cet ordre de mouvement, tout volontaire qu'il est, semble en quelque sorte machinal. Sommes-nous, en effet, une fois ébranlés par suite d'une première détermination, l'habitude seule nous conduit, hâte, précipite ou ralentit notre marche. C'est l'habitude de la marche ou du repos qui donne ou qui ôte les jambes. Le repos ou l'inaction trop prolongés enlèvent jusqu'au désir de marcher, tandis qu'un exercice journalier, gradué, et qu'on augmente proportionnellement à l'accroissement des forces, rend d'ordinaire la plupart des hommes très-bons marcheurs. C'est ainsi que des femmes faibles, d'abord fatiguées dès les premières marches, ne tardent pas à s'y façonner de telle sorte, qu'en peu de temps elles se montrent propres à supporter d'assez longues courses.

Les qualités particulières de la marche, telles que sa *vitesse*, sa *durée* ou l'aptitude que nous avons à la continuer, et son *caractère propre*, ne varient pas seulement par rapport aux circonstances que nous venons de passer en revue : on voit en effet,

1° Pour la *vitesse*, que l'harmonie d'action qui s'établit entre plusieurs personnes marchant ensemble dans la même direction, fait que les unes et les autres acquièrent, presque à leur insu, le même pas; ce qui fait alors que celui-ci, ordinaire pour les uns, est pour les autres plus ou moins accéléré ou retardé; on sait encore qu'une foule d'affections de l'âme animent ou ralentissent, suivant le caractère particulier qu'elles peuvent affecter, la vitesse ordinaire de nos pas, et par conséquent celle de la progression elle-même. Dans les marches militaires, réglées par le rhythme musical, la vitesse de la marche se proportionne absolument à celle de la mesure. La générale et le pas de charge précipitent la marche et font pour ainsi dire courir, tandis que tel autre battement de tambour produira un effet tout contraire.

2° La *durée* de la marche, influencée, comme il a été exposé, par l'âge, le sexe, le tempérament et l'habitude, peut être encore abrégée ou prolongée par plusieurs circonstances. Qui ne sait que les voyages qui amusent, que les exercices qui plaisent ou qui intéressent vivement, comme la chasse, les incursions des naturalistes dans les montagnes, etc., se continuent des journées entières, sans qu'on songe à la fatigue, tandis que l'ennui ou le dégoût qui nous accompagne en route entraîne, dans le temps le plus court, le besoin du repos ? Suivant Chardin (*Voyage en Perse*) et le maréchal de Saxe (*Rêveries*), les charmes de la musique, ou même une simple marche ou *son* qu'on exécute en mesure, raniment le pas plus ou moins languissant des hommes réunis en troupes, à un tel point que l'on voit dans les fortes journées de marche, par exemple, les soldats harassés de fatigue, prendre aussitôt comme de nouvelles forces, ou retrouver des jambes et prolonger gaîment leur route, dès qu'ils sentent leurs pas soutenus et réglés par le bruit du tambour.

3° Rappelons enfin, touchant le *caractère* propre que prend la marche, qu'elle est vive, légère, et très inégale chez les enfants, les femmes et les personnes nerveuses ; lente, comme traînante ou endormie, chez les lymphatiques ; grave, posée, et pour ainsi dire à pas comptés, chez les vieillards, dans les cérémonies publiques, etc., et qu'elle se montre lourde et pesante chez l'homme de peine qui a coutume de marcher lorsqu'il est plus ou moins fortement chargé. La marche sur la pointe des pieds, la marche à pas de loup, la marche à pas de géant, et celle que l'on nomme, à cause de sa lenteur, à pas de tortue, sont encore autant de modes de progression dont le caractère distinctif a motivé les noms différents que l'usage leur a consacrés. D'autres locutions encore, comme celles de marcher fièrement, majestueusement, de se regarder marcher, de marcher hardiment, d'un pas timide, doucement, etc., prouvent encore que le caractère de cette action, infiniment varié, s'adapte dans plusieurs circonstances à celui de nos sentiments et de nos idées.

Les *rapports* de la marche avec les principales fonctions de l'économie, rentrent en partie dans ce que nous avons dit précédemment des connexions de la locomotion générale avec les autres phénomènes de la vie; aussi devons-nous renvoyer, à ce sujet, à notre article *locomotion* (1).

Cependant la marche, partie si importante de la locomotion, remplit dans l'économie vivante plusieurs usages particuliers auxquels nous ne pouvons refuser une attention spéciale.

C'est principalement à l'aide de la marche que l'homme qui se transporte volontairement çà et là acquiert la facilité de satisfaire un grand nombre de désirs, de se dérober aux impressions douloureuses qui peuvent lui venir du dehors. La marche devient elle-même, après le repos prolongé, un plaisir plus ou moins vif, en tant qu'elle satisfait au besoin intérieur qui nous porte au mouvement. Tout le monde sait que, si l'on se fatigue en marchant, la marche à son tour détruit la fatigue de l'inaction.

La marche, liée immédiatement à l'exercice des sensations

---

(1) *Dictionnaire des Sciences médicales.*

externes qu'elle favorise plus ou moins dans plusieurs circonstances, se trouve elle-même placée sous l'influence de celle-ci, et notamment de la vue, comme le prouvent l'impossibilité de marcher devant soi, par exemple, sans le secours de cette sensation, et l'état d'inquiétude et de dangers qui accompagne notre marche dans les ténèbres. En marchant alors à tâtons, comme on dit, nous appelons le tact à notre aide, et celui-ci remplace en partie la vue. Nous avons vu plus haut que les impressions auditives, qui sont du ressort de la musique, agissaient puissamment sur le caractère et l'étendue de la marche.

La progression, et notamment la promenade solitaire, mûrit les idées, favorise la mémoire, et devient d'ordinaire généralement un très bon auxiliaire du travail de l'esprit. La plupart de ceux qui méditent fortement un sujet, sentent en effet le besoin de marcher. On se rappelle que c'est en parcourant la forêt de Montmorency, que l'imagination de J.-J. Rousseau enfantait avec le plus de facilité les plus belles pages de ses admirables écrits. Qui ne sait qu'au défaut de promenades, les hommes qui composent voient le plus souvent naître leurs idées en marchant en long et en large dans leur cabinet? Ces sortes de pas carrés, comme on les appelle, en soulageant le corps, laissent à l'esprit toute sa liberté. La marche vient encore au secours de nos facultés morales; elle distrait les gens chagrins, et offre aux oisifs une grande ressource contre l'ennui. On sait combien ce genre d'exercice est propre à dissiper les idées sombres et les vapeurs des mélancoliques et des hypocondriaques. Les idées, par leur nature particulière et les affections de l'âme, réagissent à leur tour sur la progression. On sait que l'espérance, le désir et la peur donnent des ailes, que l'épouvante et la terreur coupent les jambes et frappent d'immobilité, et que l'ardeur guerrière ou l'amour de la gloire qui s'empare du soldat, lui fait gravir sans peine des lieux presque inaccessibles, et devant lesquels il reculerait s'il les envisageait de sang-froid. C'est la même influence qui rend les mouvements d'une armée victorieuse si prompts et si faciles, tandis que tout semble arrêter les soldats qui sont battus et découragés.

La marche sert à la locomotion comme son ordre de mouvements progressifs le plus simple, le plus naturel et le plus propre à favoriser le développement général de la force motrice. Envisagée sous le rapport des expressions ou des moyens de manifestation des sentiments et des idées, ce que nous venons de dire de ses connexions avec la *pensée*, prouve qu'elle devient, par les différents caractères qu'elle revêt, suivant notre situation morale, une partie intégrante du geste (voy. *geste*) (1); aussi contribue-t-elle avec ce dernier à présenter aux yeux du physiologiste attentif les traits distinctifs des idées dominantes, aussi-bien que ceux de la constitution et du tempérament physique et moral. La marche favorise l'exercice de la plupart des fonctions intérieures, et le mouvement général qu'elle imprime semble s'étendre à la presque universalité des phénomènes organiques; elle provoque l'appétit, aide aux digestions, et contribue à la facilité des excrétions alvines; elle active la circulation générale qui perd, comme on sait, de sa vitesse et de sa force par l'inaction et le repos, et elle exerce le même genre d'influence sur la respiration. La marche pousse indirectement, mais d'une manière sûre, les fluides de la peau, et accroît ainsi l'exhalaison cutanée; elle prévient le refroidissement du corps, augmente la calorification, et, nous réchauffant efficacement,

---

(1) *Dictionnaire des Sciences médicales.*

elle nous rend capables de résister à l'action du froid extérieur le plus rigoureux. Ce n'est qu'en marchant, en effet, que les peuples du nord surmontent l'influence sédative de leurs frimas. La marche favorise enfin, par l'exercice universel et journalier qu'elle procure, le bon état de la nutrition de tous les organes.

D'après de tels rapports de la marche avec l'ensemble de nos fonctions, on conçoit sans peine que ce mode d'exercice constitue une partie très importante de la diététique, et qu'on la prescrit le plus avantageusement aux personnes faibles, aux enfants, aux convalescents, et dans la plupart des maladies chroniques qui dépendent de la diminution générale des forces. Modéré, cet exercice est un des meilleurs fortifiants connus ; son excès seul peut nuire, et alors il énerve, à la manière de tout ce qui excède la mesure de nos forces. On peut remarquer, au reste, que la marche mesurée, mais soutenue, en consommant une portion considérable du principe commun de l'action cérébrale qui préside aux mouvements et aux sensations, diminue d'autant les fonctions qui sont du domaine du sentiment. En fatiguant les membres, l'exercice qui nous occupe repose les sens et le cerveau. On voit, d'après cette remarque, comment la marche devient utile dans la plupart des affections dites nerveuses, dans lesquelles les forces sensitives de l'économie ont acquis, comme on sait, sur l'emploi de la force motrice, une prédominance plus ou moins marquée.

L'habitude de la marche vient alors rétablir l'équilibre, en donnant à la force motrice une surexcitation salutaire. Ce moyen, toujours à la portée de tout le monde, doit être placé au nombre de ceux dont l'hygiène et la médecine curative tirent le plus d'utilité. Tous les exercices qui précèdent la marche ont pour but direct d'augmenter les forces musculaires, d'assouplir les articulations. Ils doivent par conséquent procurer une démarche aisée (1).

EXPLICATIONS DES MOUVEMENTS PRÉPARATOIRES.

Position.

Au commandement *placez-vous*, toutes les élèves s'avancent sur une même ligne, en conservant entre elles une distance de la longueur du bras. Au commandement *alignez-vous*, chaque élève pose la main droite sur l'épaule gauche de sa voisine en allongeant le bras de toute sa longueur, et tourne la tête à droite. Au commandement *fixe*, tous les bras tombent dans le rang le long de la cuisse droite, et la tête reprend sa première position, droit devant soi. L'instructeur place ses élèves comme il suit : la tête haute, les épaules effacées, le haut du corps bien d'aplomb sur les hanches, la ceinture rentrée, les jarrets tendus, les talons sur la même ligne, la pointe des pieds un peu en dehors (2).

---

(1) Afin de rendre plus facile l'équilibre que l'on prend alternativement tantôt sur l'une, tantôt sur l'autre jambe. Déjà, pendant les premières leçons, l'on doit habituer les élèves à lever le talon du pied qui agit le premier, en même temps qu'elles placent les mains sur les hanches. Ce mouvement préparatoire habitue promptement à prendre l'équilibre sur l'un des pieds, tandis que l'autre est en action.

(2) L'habitude qu'ont contractée beaucoup de femmes, surtout de la classe aisée, de croiser, en marchant, leurs bras sur l'abdomen, est très nuisible au développement de la poitrine, particulièrement chez les jeunes filles. Elle est fort disgracieuse pour les adultes, même pour celles qui ont de l'embonpoint.

Pendant la marche que l'on exécute dans cette position, les bords des omoplates sont saillants, les épaules s'arrondissent, et, chez les jeunes personnes surtout, la colonne épinière s'incline dans ce sens; la poitrine est rentrée.

Pour s'assurer de ce que nous avançons ici, il suffit d'observer une

Les choses ainsi disposées, l'instructeur, placé devant le centre de la troupe, annonce l'exercice qu'il va commander, ayant soin surtout d'expliquer avec clarté les mouvements que chaque élève doit faire.

1ᵉʳ EXERCICE. — *Plier sur les deux pieds, ou s'accroupir.*

Les élèves, placés ainsi que nous venons de l'indiquer, au commandement *pliez*, premier temps, portent le haut du corps en avant ; elles fléchissent toutes les articulations des extrémités inférieures successivement, et s'accroupissent en posant légèrement le haut des fesses sur les talons qu'on lève un peu. Pendant cette flexion, les bras, suivant le mouvement du corps, tombent perpendiculairement vers la terre, les doigts allongés, afin, s'il est nécessaire, de soutenir le

---

femme qui marche devant vous, les bras placés dans la position indiquée. On s'apercevra aussitôt et sans peine que, dans son action progressive, le corps étant privé des mouvements de balancier des bras, qui agissent sur la diagonale pour maintenir l'équilibre, la marche est incertaine et gênée ; et les personnes qui marchent ainsi sont obligées, pour avancer, de se mouvoir tantôt d'un côté, tantôt de l'autre. Ce mouvement est semblable à celui que fait un cheval qui va l'amble.
Outre les inconvénients qu'il présente pour la santé, il est fort disgracieux. La pression qu'éprouvent, par la position des bras, les intestins que l'on prive des secousses successives et répétées à chaque foulée, auxquelles les physiologistes attribuent les effets salutaires que produit la marche, exerce une influence nuisible sur les viscères abdominaux. C'est surtout pendant ce mouvement saccadé, où l'action des bras est en opposition constante avec celle des extrémités inférieures, et où l'équilibre est rompu, que l'effort répété que font les extenseurs du dos, des cuisses et des jambes pour le rétablir, fait ressortir d'une manière frappante les difformités que l'on prend tant de soin de cacher. Tandis qu'une démarche aisée et d'aplomb est le mouvement le plus propre pour soustraire à l'œil d'un observateur expérimenté plusieurs vices de conformation.

corps. Aux jeunes gens faibles, on offre l'appui des mains. (Voy. *pl.* 2, *fig.* 9.)

2ᵉ *temps.* Depuis cette position, relevant le corps sans secousse, on se redresse en portant les bras en arrière, allongés de toute leur longueur, les ongles en dessous, et l'on continue de répéter ce mouvement.

Ces deux temps étant les deux mouvements préparatoires pour le saut à pieds joints, on doit les faire exécuter plusieurs fois de suite après chaque exercice des extrémités inférieures, observant surtout, lorsqu'on a des adultes à exercer, de le leur faire exécuter lentement pendant les premières leçons.

Dans l'exercice que nous venons de décrire, comme l'on a pour but d'assouplir graduellement toutes les articulations des extrémités inférieures, il est essentiel de l'exécuter doucement, avec précision, et, afin de s'y habituer en peu de temps, de le répéter plusieurs fois de suite après chacun des exercices des extrémités inférieures.

Ce moyen nous a souvent réussi pour assouplir des sujets adultes dont la conformation semblait opposer un grand obstacle à l'exécution de la plupart des exercices des extrémités inférieures. Exécuté avec ménagement, c'est un puissant auxiliaire pour guérir la sciatique et la plupart des douleurs articulaires des extrémités inférieures.

2ᵉ Exercice. — *Plier sur un pied.*

Pour l'exécuter, on porte l'un des pieds en avant, à la distance d'un pas de l'autre, et, en fléchissant doucement sur celui qui se trouve en avant, on prend la position représentée *pl.* 3, *fig* 10. De là on se relève doucement, on assemble les deux pieds, et l'on fait la même chose avec celui qui était resté en arrière. Obligé de faire dans la suite les exercices de la canne, en exécutant cette flexion, il est essentiel d'habituer les élèves à faire cet exercice avec précision.

3ᵉ EXERCICE. — *Fléchir*.

Placé bien d'aplomb sur les deux pieds, les deux talons sur la même ligne, la pointe un peu écartée, les épaules effacées, la poitrine haute, la ceinture rentrée, on commence l'exercice. Ce mouvement consiste à porter les genoux en avant l'un après l'autre à temps égaux, et, levant les talons autant que possible, sans néanmoins quitter la terre avec la pointe ni déranger en aucune manière la position du corps ou celle des bras que l'on place arqués sur les côtés, les doigts étendus sur la ceinture et le pouce sur les reins, ou le dos des mains à plat sur cette partie. Le haut du corps est pour ainsi dire immobile tandis que les pieds exécutent leurs mouvements d'une manière égale et bien cadencée.

4ᵉ EXERCICE. — *Pas ordinaire en place*.

Au mot d'avertissement *en avant*, chaque élève place ses mains sur les hanches, les doigts allongés sur le bas-ventre, les pouces sur les reins, et reste là.

Au commandement *marche*, chaque élève porte le pied gauche en avant, le jarret tendu, la pointe du pied inclinée vers la terre, et compte *un*, *deux*, en posant le pied à terre, la pointe avant le talon, et levant l'autre aussitôt, puis elle continue à compter tout bas, à temps égaux, jusqu'au commandement *halte*. Tous les mouvements cessent alors, et les bras tombent le long des cuisses.

Après cette explication, l'instructeur, placé devant le centre de la troupe, fait lui-même avec précision l'exercice qu'il propose, afin que chacune puisse l'imiter; car, lorsqu'il s'agit d'enseigner des exercices corporels, il faut soi-même être capable de les exécuter avec la plus grande aisance et la plus grande précision.

Dès qu'il a fait exécuter à chacune de ses élèves en particulier l'exercice qu'il vient de faire devant elles, il le fait répéter à deux ou trois élèves à la fois, à quatre, à six, ensuite à toutes en même temps, exigeant surtout qu'il y ait beaucoup d'ensemble, c'est-à-dire que toutes lèvent et posent la jambe gauche en même temps. L'instructeur doit veiller avec soin à ce que ses élèves exécutent ce pas avec aisance et légèreté ; il doit aussi exiger strictement qu'elles conservent, pendant tous leurs mouvements, la position du corps indiquée plus haut.

5ᵉ Exercice. — *Piaffer au pas en place* (1).

Les élèves, placées sur une même ligne, à un pas de distance les unes des autres, et dans la position que nous avons indiquée plus haut, on leur annonce l'exercice que l'on va faire ; par exemple : piaffer en place et au pas. Au mot d'avertissement *en avant*, toutes lèvent les bras en l'air ou les tiennent arqués sur les hanches, comme à la course en place, les poings fermés, la poitrine en avant, la tête haute, et le haut du corps bien assis sur les hanches, sans raideur ni mollesse. Au commandement *marche*, sans déranger le haut

---

(1) Ceux qui liront ceci riront, sans doute, en voyant la fausse application qu'on en fait en France, en l'employant comme pas de course, qu'on appelle *pas gymnastique*.

Ceux mêmes qui ne sont pas cavaliers comprendront aisément que le cheval qui relève (action de piaffer), en se fatiguant davantage, avance moins que celui qui rase le sol. (Voyez *Courir en place*, septième exercice de la marche.

du corps, chaque élève compte *un*, lève le pied gauche, et porte le genou vers la figure, la pointe du pied inclinée vers la terre; *deux*, pose le pied gauche, et enlève aussitôt le droit comme elle a fait avec le gauche; ainsi de suite, jusqu'au commandement *halte, alignement!* Le mouvement des pieds cesse, et chacune, en posant la main droite, le bras tendu sur l'épaule de sa voisine, se trouve dans l'alignement qu'elle doit toujours conserver.

6⁰ EXERCICE. — *Piaffer au trot en place.*

Ce n'est rien autre chose qu'un battement de pieds cadencé et suivi. Le mouvement des jambes, qui doit s'exécuter comme au pas, doit être une fois plus prompt qu'à l'allure précédente. L'instructeur, qui doit toujours se trouver devant le front de sa troupe, compte, comme à l'exercice précédent : *un, deux*, en faisant les mêmes mouvements, *halte!*

7⁰ EXERCICE. — *Courir en place.*

Cet exercice sert à donner beaucoup de jeu aux hanches; il accoutume les jeunes gens au jet des pieds pendant la course, et donne à l'instructeur les moyens de régulariser les mouvements de la respiration.

Au commandement *en avant*, les élèves replient les bras à la hauteur des hanches, les poings fermés, les ongles en dessus. Au commandement *marche*, chacune porte en avant la jambe gauche tendue, la pointe plus bas que le talon, et on compte *un*, en posant à terre; *deux*, en levant aussitôt la jambe droite, qui exécute le même mouvement que la première, et on continue à compter *un, deux, un, deux*, à temps égaux, jusqu'au commandement de *halte*. Dès que l'instructeur s'aperçoit que ses élèves sont bien assurées dans cette allure, il doit les faire passer, à chaque reprise, de l'allure modérée à l'allure prompte, et de celle-ci à l'allure précipitée, ensuite rétrograder, c'est-à-dire revenir à la première allure, en observant la même gradation. C'est la voix de l'instructeur qui dirige les mouvements (1).

8ᵉ EXERCICE. — *Piaffer au galop.*

Les mouvements sont beaucoup plus précipités qu'au trot ; c'est un sautillement continuel qui s'exécute en enlevant, pour ainsi dire, les deux pieds à la fois, et les posant à terre à peu près ensemble. Quand c'est le pied droit qui donne l'élan, le pied gauche s'enlève et se pose à terre le premier ; le pied droit tombe immédiatement après. Quand c'est le pied gauche qui donne l'élan, c'est alors le pied droit qui se lève et pose le premier. Pour avoir une juste idée de la cadence des mouvements des pieds dans ces exercices, on peut comparer les temps du pas à ceux du balancier d'une horloge de moyenne grandeur ; ceux du trot, au mouvement d'une montre ; ceux du galop forment deux mouvements précipités. L'instructeur doit veiller soigneusement à ce que ses élèves posent et enlèvent en même temps le pied gauche. Le haut du corps n'a point de mouvement particulier ; il est presque toujours immobile, malgré la violence du mouvement des jambes. Quand les élèves sont en place, avec

---

(1) Chez tous les animaux dont les mouvements de progression sont très rapides, l'on a observé que les extenseurs antérieurs avaient un plus grand développement que chez ceux dont la progression est lente. Les Sauvages de l'Amérique du Nord, connus pour les meilleurs coureurs, n'ont presque point de mollets, tandis que les extenseurs antérieurs sont fortement développés. Le contraire a lieu chez les habitants des montagnes, où les fléchisseurs ont une action plus prononcée.

justesse, les mouvements ci-dessus indiqués, on les leur fait répéter en avançant et en reculant, ayant soin surtout de leur faire observer l'alignement et l'ensemble. Si cet exercice est un des plus fatigants, c'est aussi celui qui présente le plus d'avantage pour assouplir et fortifier, en peu de temps, les extrémités inférieures, sans aucun instrument, et même dans une chambre très peu vaste. C'est au moyen de ces mouvements, que je suis parvenu à assouplir des sujets d'un âge déjà avancé, sur lesquels mes autres exercices n'avaient eu que peu d'influence. Cette leçon, souvent répétée, en les forçant à plier toutes les articulations inférieures, et cela avec rapidité, leur procurait peu à peu beaucoup de souplesse, et me mettait à même de leur faire entreprendre plusieurs exercices, à la suite desquels j'obtenais des résultats satisfaisants.

9ᵉ EXERCICE. — *Le pas croisé.*

Le pas croisé sert à assouplir les hanches et les jarrets, à assurer le haut du corps sur les hanches et à donner de la grâce aux épaules.

Il s'exécute de deux manières, et dans deux directions différentes. Quand on croise à droite, allant à droite, la jambe gauche opère le premier mouvement en passant derrière la droite, et celle-ci opère le second en s'écartant du corps, dont le centre de gravité se porte sur la jambe gauche. L'inverse a lieu lorsque le pas s'exécute du côté opposé.

Cet exercice peut être fait d'une manière différente en faisant passer la jambe qui croise par-devant l'autre, au lieu de la faire passer par-derrière.

10ᵉ EXERCICE. — *Balancer sur une jambe.*

Ce mouvement s'exécute toujours en place, tantôt sur l'une, tantôt sur l'autre.

Au commandement *le pied gauche en avant*, en portant devant la cheville du pied droit le talon du gauche, on place les mains sur les hanches, et on lève en même temps le talon du pied qui est en arrière, en comptant, *un*, *deux*, en le rapportant vers la gauche qu'il chasse, pour ainsi dire, en avant; on lève celui-ci aussi haut que possible, la jambe tendue; l'on revient à la première position, et l'on continue à temps égaux jusqu'au commandement *halte*. L'on exécute le même mouvement, le pied droit en avant. Dès que l'on veut changer de jambe sans interrompre la mesure ou le pas, on porte en avant celle qui se trouvait derrière. On ne doit augmenter la rapidité de la mesure, c'est-à-dire faire cet exercice en sautant, que lorsque les élèves exécutent ce mouvement avec beaucoup d'aisance et de justesse, et changent de jambe avec facilité.

11ᵉ EXERCICE. — *Le pas français.*

(Marcher sur la pointe des pieds.)

Cet exercice peut être regardé comme préparatoire pour la course et le saut, parce qu'il développe puissamment les muscles internes des cuisses, ceux des mollets, et fortifie particulièrement les extenseurs des orteils, en contribuant à donner à la marche beaucoup d'aplomb et d'élégance, et a encore l'avantage d'habituer les élèves à garder l'équilibre sur des bases étroites.

Les élèves sont placées sur une même ligne dans la position indiquée plus haut.

A l'avertissement de l'instructeur, *sur la pointe des pieds en place,* chaque élève pose les mains sur les hanches et reste là ; au commandement *enlevez,* chacune s'enlève doucement sur la pointe des pieds en joignant les talons, les jarrets tendus, et reste dans cette position jusqu'au commandement *repos,* auquel les élèves posent légèrement sur les talons, les mains tombant dans le rang.

Viennent ensuite, dans la même position, le pas ordinaire, le pas redoublé, le pas accéléré, le pas oblique, le pas croisé en avant, en reculant, et en allant de côté.

12ᵉ EXERCICE. — *Le pas à deux temps.*

Il consiste à faire en mesure, les mains placées sur les hanches, deux petits sauts alternatifs, tantôt sur l'une, tantôt sur l'autre jambe, en comptant à temps égaux, sur le droit, par exemple, *un, deux,* sur la gauche *un, deux* : 1° à une allure modérée ; 2° accélérée, et ensuite aussi vite que possible. Pendant cette action, le corps doit suivre avec grâce les mouvements communiqués par les extrémités inférieures. Dans les premières leçons, on ne lève les pieds qu'à quelques pouces du sol. Dans la suite, lorsqu'on veut rendre cette action plus fatigante, en diminuant de vitesse, on fait lever aux élèves les genoux comme pendant le piaffer au trot.

13ᵉ EXERCICE. — 1ᵉʳ *Mouvement de natation des jambes.*

Quoique naturel, le mouvement que nous décrivons demande, plus que tout autre, que dans les premières leçons on le fasse doucement, afin que les muscles qui produisent cette action s'accoutument insensiblement à exécuter un exercice peu pratiqué dans les mouvements journaliers commandés par nos besoins.

Cet exercice consiste à étendre de côté l'une des jambes carrément, comme si l'on voulait obliquer, et le mouvement achevé, l'on ramène cette jambe à sa place, on meut l'autre de la même manière, et l'on continue à lever alternativement et à mesure une jambe après l'autre.

14ᵉ EXERCICE. — *Le pas d'école ou d'équilibre.*

Il s'exécute en levant l'un des pieds; on le porte en avant, le jarret tendu, la pointe du pied inclinée vers la terre, la tête et la poitrine hautes, le haut du corps bien d'aplomb sur les hanches; on reste un moment dans cette position, ensuite on pose à terre le pied qui était levé, pour enlever l'autre en arrière, le jarret et le coude-pied bien tendus; ensuite on pose doucement, et sans déranger le haut du corps, la jambe en avant, et on la pose à terre après avoir gardé l'équilibre un instant, ainsi de suite, tant que dure l'exercice. L'on doit exécuter le même pas en reculant. *Un*, en plaçant les mains sur les hanches, lever en même temps le talon du pied (soit le droit); *deux*, lever le genou dans la direction de la figure, la pointe du pied inclinée vers la terre; *trois*, tendre la jambe en avant; *quatre*, poser légèrement à terre la pointe avant le talon.

En reculant, le premier temps se forme en levant de terre, sans plier la jambe, le pied qui est en avant; *deux*, ramener la jambe à la seconde position; *trois*, l'étendre en arrière; *quatre*, la poser à terre.

Quand on exécute bien tous les mouvements, on ne doit faire que quatre pas à la minute.

Tous ces mouvements souvent répétés rendent la marche

plus facile et plus précise ; l'habitude de se mouvoir se contracte ; on finit par acquérir sans s'en apercevoir une marche aisée et d'aplomb.

15ᵉ Exercice. — *Glisser sans plier.*

Cette marche consiste à aller en avant ou en arrière en glissant sur la pointe des pieds, en faisant de petits sauts sans fléchir aucune articulation ; les bras sont collés le long du corps. Cet exercice doit servir à donner du ton aux muscles et aux articulations lorsque ces parties se trouvent relâchées par les exercices précédents.

Par la contraction qu'on leur imprime, il contribue à remettre ces parties dans leur état naturel.

Il amuse aussi beaucoup les élèves.

16ᵉ Exercice. — *Le pas à trois temps.*

Sans changer la position du corps, on lève l'un des pieds à peu de distance de terre ; on pose premièrement le talon, ce qui forme le premier temps ; on lève aussitôt la pointe que l'on pose pour faire le second temps ; pour le troisième, on lève le talon que l'on pose aussitôt à terre. Ce mouvement doit aussi s'exécuter à foulées égales. Le droit, *un*, *deux*, *trois ;* le gauche, *un*, *deux*, *trois*, et continuer jusqu'à ce que l'on soit habitué de le faire en place. Dès qu'on le fait d'une manière régulière, on peut essayer de l'exécuter en avançant et en reculant. En allant en arrière, c'est la pointe du pied qui forme le premier temps, *deux* le talon, et *trois* la pointe.

17ᵉ Exercice. — *Équilibre.*

Au commandement *équilibre sur le pied gauche*, on enlève les bras étendus de toute leur longueur, parallèles aux oreilles, et on lève le talon du pied droit, ce qui forme le premier temps; au second, portant tout le poids du corps sur la partie gauche, on lève le genou droit aussi haut que possible dans la direction de la figure, la pointe du pied inclinée vers la terre.

Depuis cette position, en étendant la jambe en avant, on forme le troisième temps; l'on garde cette dernière position pendant un instant, et l'on revient à la première position, lentement et en marquant bien chaque temps. Il est entendu que l'on doit exécuter le même exercice sur les deux jambes alternativement, ensuite faire le même exercice en arrière, en passant aussi par les mêmes temps.

Depuis le second, au lieu d'étendre la jambe en avant, on exécute ce mouvement en arrière, tenant la jambe aussi haute que possible; afin de rendre ce mouvement plus facile, il faut pencher le corps en avant; les bras étendus de toute leur longueur servent à maintenir l'équilibre et à faciliter en même temps le mouvement d'ascension de la jambe.

Cet exercice est avantageux pour préparer les élèves à bien exécuter le pas d'école.

18ᵉ Exercice. — 2ᵉ *Équilibre compliqué.*

(Replier la jambe.)

Depuis la seconde position indiquée au premier équilibre, la main droite tombe doucement le long du corps, va saisir en dedans la jambe levée, au coude-pied, les ongles de la main en dehors, l'extérieur du bras touchant la cuisse, et reste un instant dans cette position, sans déranger celle du corps. Le bras libre reste allongé, parallèle à la tête, pendant que l'exercice dure.

On répète des deux côtés.

19ᵉ Exercice. — 3ᵉ *Équilibre croisé.*

L'élève placée dans la position que nous venons d'indiquer, en équilibre sur l'un des pieds, la main fixée à la jambe levée, porte le haut du corps en avant, plie sur la jambe qui le soutient, et tâche de toucher la terre du genou de la jambe levée, se redresse sans lâcher ni perdre l'équilibre, et reprend sa première position. Ici tout le poids du corps porte sur la jambe qui soutient, tandis que le genou de l'autre jambe touche légèrement la terre.

20ᵉ Exercice. — *Toucher croisé.*

Sans déranger aucunement la position du corps, on lève doucement la jambe gauche que l'on porte en arrière ; la main droite, tombant derrière la cuisse du même côté, saisit le pied gauche sur le coude-pied ; ensuite on plie doucement sur la partie droite jusqu'à ce que le genou de la jambe levée touche la terre, et, ainsi que dans les exercices précédents, sans lâcher la jambe.

DEUXIÈME SECTION.
DE LA COURSE.

La course ne diffère de la marche que par la rapidité des mouvements : on peut voir par-là combien elle est naturelle et utile à l'homme. Les avantages que nous procure cet exercice sont incalculables ; ses effets salutaires influent d'une manière très visible sur l'individu qui s'y livre, et se reproduisent dans beaucoup de circonstances de la vie. La course favorise les développements de la poitrine, dilate les poumons, et préserve cet organe des maladies les plus dangereuses et les plus redoutables. En contribuant beaucoup à nous rendre sains et vigoureux, cet exercice peut encore servir à nous soustraire à une infinité de dangers. En effet, combien de personnes n'ont-elles pas été victimes de leur incapacité dans cet exercice ! Combien de malheureuses victimes auraient échappé à une dure captivité, et même à une mort cruelle, si elles eussent été accoutumées, dans leur jeunesse, à courir vite et long-temps ! Souvent des circonstances imprévues nous exposent à fournir une carrière rapide ou de longue haleine ; nos intérêts les plus chers nous y forcent, le salut même des personnes que nous chérissons le plus, notre propre conservation, peuvent dépendre de la célérité avec laquelle nous franchissons un espace quelconque. Qu'arrive-t-il à la suite d'un exercice aussi violent, quand on n'y a jamais été préparé ? Quelquefois les maladies les plus graves, le chagrin de voir manquer une entreprise de laquelle notre bien-être dépend, ou, ce qui est plus cruel encore, de voir périr sous nos yeux des personnes qui nous étaient chères, et que nous aurions pu sauver, si nous fussions arrivés quelques secondes plus tôt. Sans craindre de trop hasarder, on peut dire hardiment qu'il en est de la course comme de la marche. Si on ne voit que très peu de personnes courir avec grâce et légèreté, on en voit encore bien moins courir vite et long-temps. Beaucoup de gens peuvent à peine parcourir l'espace de quelques cents pas, sans être hors d'haleine, et dans l'impossibilité d'aller plus loin, parce qu'ils exécutent ce mouvement avec un désavantage réel. Les uns, en balançant les bras avec trop de violence, agitent les muscles pectoraux, et compriment par-là le mouvement de la respiration; d'autres, en jetant en avant leurs genoux qu'ils plient, et en faisant de grands pas, se fatiguent très vite et perdent beaucoup de temps. Ceux qui relèvent les jambes en avant et en haut, comme au pas gymnastique, ou en arrière contre le haut des cuisses, n'avancent point, quoiqu'ils travaillent beaucoup. Il est aussi très désavantageux, pendant la course, de renverser le corps en arrière, de faire de trop grandes enjambées, d'appuyer trop sur le sol, et de respirer trop précipitamment. Pour courir vite et avec grâce, il faut, pour ainsi dire, raser la terre, en portant les jambes tendues en avant, s'enlever d'un pied sur l'autre, avec beaucoup de vélocité, et faire succéder rapidement le mouvement des pieds (1).

---

(1) De tous nos exercices, que l'on a dénaturés et dont on a fait une fausse application en France, rien ne nous a étonné davantage que de voir employer avec persévérance, comme exercice préparatoire pour la course, un de ceux exclusivement destinés pour le saut (*le piaffer*), qu'on appelle en France *pas gymnastique*. Un peu de réflexion aurait sans doute fait remarquer aux hommes judicieux qui ont vu cette fausse application, qu'entre *le piaffer*, exercice élémentaire pour le saut, et *courir en place*, mouvement préparatoire pour la course, il y a une grande différence. Pendant le piaffer, ce sont les grands muscles antérieurs des cuisses qui relèvent, pendant le saut, les extrémités inférieures vers la figure, que l'on exerce, tandis que, dans le pas de course, ce sont les extenseurs, ceux qui produisent le mouvement de progression, qui sont exclusivement exercés.

Pendant la course, le haut du corps est penché un peu en avant : les bras sont pour ainsi dire collés au corps à la hauteur des hanches, les poings fermés, les ongles en dessus.

L'instructeur doit non-seulement faire attention que ses élèves ne contractent point de mauvaises habitudes qui leur rendent la course difficile, mais il doit encore leur enseigner tous les petits avantages qui, en la rendant plus facile, leur procurent les moyens d'éviter ce qui est nuisible pour la santé. Il est indispensable que l'instructeur soit lui-même bon coureur, et très exercé dans les différents genres de course : car il doit souvent suivre ses élèves pour les empêcher de faire de faux mouvements, et veiller surtout à ce qu'elles ne se forcent pas. Ce n'est qu'en suivant ses élèves, et en arrivant au but avec elles, qu'il pourra juger de leurs forces et de ce qu'elles sont capables de supporter.

En les suivant dans la course, il observe encore celles qui respirent trop vite, ou qui se fatiguent inutilement en relevant les pieds trop en arrière ; enfin, au bout de la carrière, il a bien soin que chaque élève tourne le dos au vent et penche le haut du corps un peu en avant, pour faciliter la respiration (1).

EXPLICATIONS DES MOUVEMENTS PRÉPARATOIRES.

1ᵉʳ EXERCICE. — *Courir en place.*

(*Voyez page* 58.)

---

(1) Lorsque les animaux sont en liberté, et qu'ils s'arrêtent après une course rapide, ils prennent cette position, tournant le dos au vent, 1° pour entendre sans doute plus facilement l'approche de ce qui peut leur être nuisible ; 2° pour que la pression du vent ne gêne pas l'expiration rapide qu'ils font, peut-être aussi pour ne pas introduire brusquement dans leurs poumons échauffés un air dont la température pourrait leur devenir funeste.

2ᵉ EXERCICE. — *Enlever et tomber juste.*

Pour accoutumer les jeunes gens à prendre la position de la course, l'instructeur place son élève le pied droit en avant, éloigné d'un pas du pied gauche, le haut du corps un peu penché en avant, les poings fermés, et pour ainsi dire collés le long des hanches, tout le poids du corps portant également sur les deux pieds. Les choses ainsi disposées, l'instructeur fait partir son élève et la suit, en comptant plusieurs fois, *un*, *deux*, en augmentant de vitesse. Il veille avec soin à ce que l'écolière tombe et s'enlève toujours sur la plante des pieds, et qu'elle ait en courant le haut du corps un peu penché en avant. Les bras, sans raideur ni mollesse, suivent naturellement l'impulsion communiquée par les autres mouvements du corps.

3° EXERCICE. — *Course du carré.*

Aussitôt que l'élève peut courir juste sur les deux jambes, c'est-à-dire qu'elle est d'aplomb sur les hanches et les jarrets, on peut lui faire décrire en courant un carré, dans le milieu duquel se trouve l'instructeur. Pour l'exercer sur les deux jambes, faites-la courir, tantôt l'épaule droite en dedans du carré, tantôt l'épaule gauche.

4° EXERCICE. — *Course en spirale.*

Aussitôt que vos élèves feront sur les deux jambes (tantôt l'épaule gauche, tantôt l'épaule droite en dedans) la course du carré avec facilité, faites-leur parcourir un cercle en augmentant toujours de vitesse, et en diminuant la circonférence du cercle à mesure que l'on accélère la course. Il faut s'accoutumer à exécuter ce mouvement sur les deux jambes ;

car on a pour but, en faisant cet exercice, d'habituer les élèves à tourner court des deux côtés, même au milieu de la course la plus rapide. Cette grande facilité de tourner court dans une course présente de très grands avantages aux coureurs : elle les préserve souvent de chutes ou de rencontres dangereuses.

5ᵉ Exercice. — *Course sinueuse.*

Les jeux de la queue du loup et de la course sinueuse, exécutés par plusieurs enfants, sont aussi très recommandables, considérés comme exercices élémentaires de la course.

Le premier est trop connu pour qu'il soit besoin d'en faire la description. Quant à la course sinueuse, voici en quoi elle diffère des autres courses. On place toutes les jeunes personnes à la file, à un pas de distance les unes des autres ; la plus agile et la meilleure coureuse est ordinairement la conductrice de ses camarades. Les choses ainsi disposées, au commandement de *garde à vous*, toutes les élèves prennent la position de la course : au commandement de *marche*, la bande joyeuse se met en mouvement, et suit sa conductrice, qui lui fait décrire en courant tantôt une courbe, tantôt un demi-cercle, tantôt un cercle ; quelquefois elle rétrograde, elle avance, elle va à droite, à gauche, et tout cela avec beaucoup de rapidité.

6ᵉ Exercice. — *Doubler la ligne.*

Pour être en état de juger des progrès que vos élèves auront faits dans les leçons précédentes, choisissez celles qui sont le mieux développées, et faites-leur doubler la ligne, c'est-à-dire, pendant la course accélérée, tourner court à un point indiqué par l'instructeur, et revenir à celui d'où l'on était parti. On les accoutume ensuite à faire pendant la course un tour entier, puis à tourner plusieurs fois en parcourant une ligne droite de cinquante à soixante pas. Un coureur, qui aura fait soigneusement tous les exercices qu'on vient d'indiquer, franchira ou évitera avec la plus grande facilité tous les obstacles qu'il pourrait rencontrer dans sa course.

7ᵉ EXERCICE. — *Course au bâton à trois.*

Pour empêcher de replier en courant les jambes contre le haut des cuisses, et afin de réformer celles de nos élèves qui ont de la peine à se corriger de ce défaut, en les forçant à détaler malgré elles, deux d'entre les meilleures coureuses prennent, l'une de la main droite, l'autre de la main gauche, le bout d'un bâton de quatre à cinq pieds de longueur. L'élève que l'on veut exercer prend ce bâton dans le milieu avec les mains, les ongles en dessous.

Les deux conductrices se placent dans la position du départ (le pied droit un pas en avant du pied gauche); l'élève qu'on exerce se place aussi de la sorte. Au commandement de l'instructeur, elles partent ensemble, et les conductrices ont soin de ne pas forcer la camarade qui leur est confiée.

8ᵉ EXERCICE. — *La galère.*

Dans un établissement où les élèves sont nombreuses, pour exercer à la course rapide jusqu'à dix élèves à la fois, un petit cheval destiné pour la voltige tire, en trottant, ensuite en galopant, toute la troupe joyeuse. C'est un des exercices qui amusent le plus les jeunes gens, et c'est en même temps le plus simple pour former de bons coureurs.

Comme la continuité et la rapidité de la course dépendent absolument de la force des poumons, de la souplesse des hanches, de l'agilité et de la force des pieds, des jambes et des cuisses, on astreint les élèves à beaucoup d'exercices préparatoires qui développent ces parties, avant de leur faire entreprendre des choses trop pénibles, parce que je suis convaincu que, les forces une fois bien développées, les jeunes gens peuvent faire sans inconvénient beaucoup d'exercices violents, qui leur seraient nuisibles, si on leur permettait trop tôt de s'y livrer.

Suffisamment préparés par tous les exercices précédents, les jeunes gens peuvent maintenant, sans aucun danger, être exercés aux différents genres de course.

1° La course se divise en course modérée continue, ou de longue haleine ; 2° en course prompte ou accélérée ; 3° en course rapide ou précipitée.

9° Exercice. — *Course modérée.*

Comme il s'agit ici de résister long-temps à la même allure, il est très avantageux de courir doucement, à temps égaux, de fixer l'espace que l'on veut parcourir, afin de savoir au juste le temps que l'on emploie pour arriver au but ; de bien exécuter tous les mouvements et observer la position du corps pendant que la course dure. Par exemple, par un beau jour d'automne, lorsque le temps est frais, faites parcourir à vos élèves un quart de lieue en sept minutes ; répétez cette leçon jusqu'à ce que vous aperceviez qu'elles sont peu échauffées quand elles arrivent au but ; ensuite faites-leur doubler la distance sans leur permettre de s'arrêter, ce qu'elles feront facilement, si elles sont bien préparés. Plusieurs de nos élèves parcourent sans être échauffées, à cette allure, l'espace de deux lieues en trois quarts d'heure.

10ᵉ Exercice. — *Course prompte.*

Dans cette allure, que l'on ne peut prolonger long-temps, parce que les mouvements s'exécutent avec une fois plus de vitesse que dans la course modérée ; il s'agit de parcourir les distances déjà indiquées en beaucoup moins de temps que dans la course continue ; par exemple, un quart de lieue en deux minutes, et dans la suite en moins. Plusieurs de nos élèves parcourent, sans beaucoup s'échauffer, mille pas en une minute.

11ᵉ Exercice. — *Course précipitée.*

Il s'agit ici de franchir un court espace en très peu de temps, c'est pourquoi l'on ne saurait trop recommander aux élèves de faire succéder le simple pas à la plus grande rapidité. Quoique cet exercice présente beaucoup de difficultés, on peut néanmoins, en le répétant souvent, parvenir à un degré de perfection vraiment étonnant. Au dernier examen, que j'obtins en septembre 1818, un de mes élèves, âgé de quinze ans, a franchi l'espace de 900 pas dans une minute et deux secondes. Il est bon d'observer que les coureurs éprouvent beaucoup plus de difficultés dans la palestre, qu'ils n'en rencontrent ailleurs ; premièrement, parce qu'ils sont obligés de tourner souvent, et en second lieu, parce que la carrière est recouverte d'un sable profond, ce qui doit nécessairement ralentir la course.

TROISIÈME SECTION.
DU SAUT EN GÉNÉRAL.

De tous les exercices corporels, le saut est sans contredit un des plus beaux et des plus utiles. Comme il ne s'exécute avec facilité qu'à proportion de la force, de l'élasticité et de la souplesse des articulations et des muscles des extrémités inférieures, on a besoin de beaucoup s'exercer pour atteindre à ce degré de perfection qui nous aplanit tous les obstacles, ou nous procure les moyens de les franchir sans danger. Dans un incendie, dans une inondation, c'est souvent au moyen d'un saut déterminé qu'on se tire d'un grand péril, ou bien qu'on rend à ses semblables des services importants. Dans une voiture, souvent à la merci d'un cocher endormi ou bien ivre, sur un cheval fougueux, dans mille circonstances, enfin, un saut, exécuté avec promptitude et assurance, peut nous sauver la vie ou nous préserver de la fracture d'un de nos membres. La légèreté et l'aplomb constituant tout le mérite du saut, on doit faire son possible pour acquérir ces deux qualités, car sans elles le saut n'a ni grâce ni sûreté.

Remarque. Pour sauter avec grâce et sûreté, il faut toujours tomber sur la pointe des pieds, ayant soin surtout de plier les genoux et les hanches, le haut du corps penché en avant, les bras tendus vers la terre. Les mains doivent servir à amortir la chute, quand on saute d'une grande hauteur. Si l'on tombait sur les talons, la secousse, qui se transmet dans ce cas depuis l'origine de la colonne vertébrale jusqu'au sommet de la tête, occasionnerait des douleurs dans ces deux parties, et pourrait avoir des suites très fâcheuses. Il est aussi fort utile de retenir son haleine pendant le saut; car, dans tous les efforts que l'on fait, la rétention de l'haleine, en empêchant le sang de circuler avec rapidité dans les poumons, le fait refluer dans les membres en mouvement, ce qui augmente beaucoup la force de ces parties.

Le saut se divise en *saut franc*, c'est-à-dire par l'élan ou l'impulsion seule des extrémités inférieures et des reins; en *saut de voltige* ou *compliqué*, quand les mains, pour ainsi dire seules, enlèvent le corps au-dessus de l'objet qu'on franchit. Alors, les extrémités inférieures et supérieures travaillant d'un commun accord, elles contribuent de moitié à l'ascension au-dessus des objets, et amortissent la chute.

Du saut franc. — Le saut franc a lieu en hauteur, en largeur ou en profondeur, avec ou sans élan.

Du saut en hauteur. — Pour augmenter la souplesse des articulations des extrémités inférieures, et préparer par-là mes élèves à bien plier pendant l'exécution et lors de la chute, on leur fait souvent répéter l'exercice qu'on appelle *toucher derrière, toucher devant en place* (*voyez* 2e et 3e exercices).

DU SAUT PROPREMENT DIT.

EXERCICES PRÉPARATOIRES.

Sauter, courir, danser à la corde.

En exerçant le courage et la justesse du coup-d'œil, cet exercice augmente la force et l'adresse, et habitue dans la suite à exécuter en mesure beaucoup de mouvements compliqués (1). Jusqu'à présent indépendants de l'action d'aucun

---

(1) Cet exercice devrait être introduit dans toutes les pensions où un grand nombre de jeunes personnes se trouvent réunies. Moyennant une corde, beaucoup d'enfants peuvent s'exercer à la fois dans un très

agent extérieur pour l'exécution de nos mouvements, nous sommes obligés maintenant de les préciser d'après l'impulsion plus ou moins violente que communique à la corde la personne qui la meut pendant le saut, la course ou la danse. Il s'agit ici de bien calculer le temps que met la corde à faire un demi-tour, un tour entier, et ensuite savoir mesurer avec précision le saut que l'on a à faire pour franchir l'objet lancé contre nous. La corde dont on se sert ordinairement pour cet exercice, doit avoir depuis un pouce jusqu'à dix-huit lignes de circonférence sur quinze à vingt pieds de longueur, elle doit être très flexible. Pour empêcher qu'elle ne s'entortille en la tournant, l'un des bouts est garni d'un anneau à pivot, et l'autre d'une boucle qui sert à fixer cette corde à un objet immobile, à la hauteur des hanches de celles qui s'exercent. Quand on ne peut pas la fixer par l'un des bouts, les deux personnes qui la tournent doivent proportionner leurs mouvements aux facultés des acteurs. Dans ce dernier cas, c'est la personne qui tourne de droite qui détermine la direction. Les exercices que l'on fait au moyen de cet instrument sont fort nombreux et très variés. Nous n'indiquerons ici que ceux que nous avons faits dans notre jeunesse, et desquels nous nous sommes souvenu avec beaucoup de plaisir

---

petit espace, sans courir le moindre risque de se blesser. Dans presque toutes les parties de la Hollande, l'exercice de la corde obtient, pendant les beaux jours d'été, la préférence sur tous les autres. Il n'est pas rare de voir dans les villes une douzaine de jeunes filles danser sur les quais, en présence des passants et de leurs parents, que ce spectacle amuse beaucoup. Souvent une danseuse célèbre d'un quartier voisin vient en passant donner à celles-ci une preuve de son adresse. Si elle est déjà connue avantageusement, on l'engage aussitôt à danser, ce qu'elle fait avec beaucoup de grâce et de légèreté. Mais là tous ses mouvements sont simples; elle craint de se compromettre en montrant toute sa science à ses voisines. C'est dans son quartier qu'il faut la voir briller, lorsqu'une étrangère vient la provoquer.

en en lisant la description dans l'excellent ouvrage de M. Gutsmuths (dernière édition).

La corde peut se mouvoir de deux côtés : de droite à gauche et de gauche à droite. La corde tourne de droite à gauche, quand celui qui la tient décrit avec le poignet un mouvement de rotation de droite à gauche. Par une impulsion contraire, on la tourne de gauche à droite. *Entrer*, quand on tourne de droite, veut dire saisir le moment où la corde est le plus près de terre pour commencer l'exercice en sautant au-dessus de la corde qui tombe à droite, quand on saute de côté, et droit devant soi quand on saute de front. *Entrer*, quand la corde tourne de gauche, c'est profiter du moment où la corde est à sa plus grande élévation, pour passer dessous, et sauter au-dessus dès qu'elle tombe à gauche, quand on saute de côté, et derrière, quand on saute droit ou de front. Lorsqu'on ne peut pas fixer la corde par un des bouts, et qu'il y a deux personnes qui la tiennent de la main droite, elles sont obligées de tourner l'une de droite à gauche, et l'autre de gauche à droite (1).

1ᵉʳ EXERCICE. — *Saut de côté en place.*

Supposé que la corde soit fixée d'un côté, l'élève se place dans le milieu, la face tournée du côté du guide (celui qui tient la partie la plus basse de la corde près de la cheville du pied droit de celle qui s'exerce). Le haut du corps doit être bien d'aplomb sur les hanches, les bras sont arqués sur les côtés. Les choses ainsi disposées, le guide enlève la corde en comptant, à temps égaux, *un, deux; un,* c'est enlever la

---

(1) A la deuxième ou troisième leçon, on peut habituer les élèves à entrer dans la corde en mouvement

corde ; *deux*, c'est la présenter au saut en la faisant passer sous les pieds. Au temps *deux*, l'élève fait un petit saut sur la pointe des pieds, en levant les jambes en arrière pour laisser passer la corde, et continue de sauter en mesure.

2° EXERCICE. — *Toucher derrière.*

Celui-ci ne diffère du premier qu'en ce que l'élève doit, à chaque saut, toucher le haut des cuisses avec les talons sans perdre la mesure. Pour faciliter son élan, elle laisse pendre les bras qu'elle agite dans la direction où elle saute, chaque fois qu'elle veut s'élancer.

3° EXERCICE. — *Toucher devant.*

Il s'agit, dans cet exercice, de plier autant que possible les articulations des hanches, et d'élever à chaque saut les genoux dans la direction des épaules. C'est surtout dans cet exercice que l'élan des bras est d'une très grande utilité. Aussitôt que l'on fera avec facilité les exercices précédents, on pourra essayer de toucher alternativement, sans perdre la mesure, tantôt derrière, tantôt devant. Au commencement de cette leçon, il est indispensable d'avoir un bon guide, afin que celle qui s'exerce ait une mesure fixe et bien ménagée. Dès que l'élève a exécuté tous ces mouvements avec précision, on peut déjà commencer à lui faire faire un demi-tour, ensuite un tour entier, sans perdre la mesure ni manquer le temps. Pour qu'elle en contracte l'habitude, on commencera par le premier exercice, afin de l'amener insensiblement au troisième et aux suivants.

4° EXERCICE. — *Piaffer au galop.*

Ici les mouvements sont beaucoup plus précipités que dans les exercices précédents. C'est un sautillement continuel qui s'exécute en enlevant, pour ainsi dire, les deux pieds à la fois, et en les posant à terre à peu près ensemble. Pour rendre cet exercice plus difficile, on n'a qu'à doubler ou tripler la mesure. On s'apercevra aisément que cet exercice seul suffit pour fatiguer en peu de temps les élèves les plus robustes.

5ᵉ Exercice. — *Sauts droits.*

On entend par sauts droits tous ceux que l'on fait en avant ou en arrière, quand on a le guide à sa gauche. Avant d'essayer d'autres exercices, il est indispensable de répéter, dans cette direction, tous ceux que l'on a faits précédemment. La première chose que l'on doit observer ici, c'est de s'assurer dans quel sens le guide tourne la corde. Quand il y a deux personnes qui tournent, c'est toujours celle qui tourne de droite à gauche qui détermine la direction. Il faut dès à présent s'habituer à entrer, sortir, obliquer à droite, à gauche, en sautant au-dessus de la corde, tandis qu'elle est en mouvement. Pour varier ces exercices, on fera alternativement, sans sortir de la corde ni perdre la mesure, le piaffer au galop, le toucher devant, le toucher derrière et le saut de mouton.

6ᵉ Exercice. — *Le saut de mouton.*

Cet exercice contribue à dégager les hanches et à fortifier les reins. Il agit aussi puissamment sur les releveurs des cuisses et sur les muscles abdominaux. Extrêmement simple en apparence, il n'y a absolument que ceux qui le considèrent sous le rapport mécanique, qui puissent apprécier son utilité. Il s'exécute de trois manières différentes : droit devant soi, de droite à gauche, ou de gauche à droite. Pour exécuter le premier, les bras collés le long du corps, on joint les pieds autant que possible, et, en raidissant toutes les parties du corps, on s'enlève en pliant un peu les jarrets, que l'on tend aussitôt. Pendant le saut, l'action des reins et celle des muscles abdominaux fléchissent les hanches et portent en avant les extrémités inférieures qui sont tendues. Le haut du corps semble, dans cette action, aller à leur rencontre. Dans ce cas-ci, les hanches sont les seules parties qui plient ; le corps présente la figure d'un arc, dont les extrémités sont les pieds et la tête : le centre se trouve dans les reins. Dans les sauts de côté on porte, pendant le saut, les jambes tendues soit à droite, soit à gauche. Pour varier l'exercice, on peut alternativement faire un saut droit et un saut de côté. Dans cet exercice, les articulations se trouvent contractées davantage que dans les précédents ; il faut absolument tomber sur la pointe des pieds, afin de prévenir la secousse désagréable que l'on éprouverait en tombant sur les talons.

7ᵉ EXERCICE. — *Franchir en courant.*

La corde tourne de droite. Pour la franchir en courant, il faut saisir le moment où elle se trouve élevée à la hauteur des yeux, quand on est tout près, prendre son élan, et sauter au-dessus au moment où elle est le moins éloignée de terre.

8ᵉ EXERCICE. — *Passer dessous.*

Pour passer sous la corde quand on la tourne de gauche, il faut s'élancer au moment où elle est le plus près de terre, s'éloigner aussitôt et se mettre en mouvement. Il est entendu qu'on est à la droite du guide. La hardiesse et la justesse du coup-d'œil sont indispensables dans cet exercice ;

trop de précipitation et de lenteur vous font donner dans la corde, que vous arrêtez sur-le-champ.

9ᵉ Exercice. — *Passer deux.*

Aussitôt que plusieurs élèves feront avec facilité les deux exercices précédents, on pourra prendre les plus adroites pour les faire franchir à la file, la corde tournant de droite. Pour revenir à leur place, elles passent à côté du guide.

10ᵉ Exercice. — *La chasse.*

Dans cet exercice, deux élèves sont placées : celle qui franchit la première à droite du guide, celle qui passe dessous à sa gauche. La corde va de gauche à droite. La première commence ; la seconde, en passant dessous, la suit aussitôt et franchit à son tour ; la première passe dessous et ainsi de suite ; elles semblent se poursuivre.

11ᵉ Exercice. — *Se croiser.*

Au lieu de passer ici tantôt dessus, tantôt dessous, comme à l'exercice précédent, chacune des deux continue l'évolution qu'elle a commencée, c'est-à-dire que celle qui se trouve à droite franchit toujours, et que celle qui est à la gauche passe dessous ; toutes les deux prennent à gauche en quittant la corde ; la première tourne autour du guide, la seconde autour de l'objet auquel la corde est fixée. Dans cet exercice, les deux élèves vont en sens contraire, sans interrompre le mouvement de la corde. En formant deux partis, un qui franchit, composé des plus adroites, et l'autre qui passe dessous, on peut former deux cercles d'acteurs dont chacun tourne à gauche en quittant la corde, les grandes tournant autour du guide, les autres autour de l'objet auquel la corde est fixée. Cet exercice, qui doit se faire avec beaucoup de rapidité, demande que les élèves soient bien préparées. Il est très amusant, et quand les spectateurs le virent pour la première fois exécuter à nos élèves, beaucoup d'entre eux ne comprenaient pas sur le-champ comment les deux partis pouvaient aller en sens contraire, en faisant des mouvements différents, sans s'engager dans la corde.

Pendant les exercices simples de la corde, il est très avantageux d'habituer les élèves à faire toutes sortes de mouvements avec les bras et les mains. On peut aussi exécuter à la corde fixée tous les exercices du cerceau et du cordon; mais il faut pour cela bien connaître les uns et les autres.

12ᵉ EXERCICE. — *Le saut simple à pieds joints.*

Tous les exercices élémentaires, pour le saut en hauteur, sont aussi préparatoires pour le saut en largeur, puisque l'un et l'autre dépendent absolument de la grandeur de l'arc que l'on décrit en sautant. C'est pourquoi nous nous appliquons surtout à augmenter, par beaucoup d'exercice, la force et la souplesse des extrémités inférieures. Obligé d'exercer beaucoup d'élèves à la fois, nous en plaçons un grand nombre sur une même ligne, éloignées à un pas de distance les unes des autres, la tête haute, les épaules effacées, les talons joints, les poings fermés, les bras pendants naturellement le long des cuisses. Notre troupe ainsi disposée, nous nous plaçons devant le centre, dans la position que nous venons d'indiquer. Au commandement *un,* nous plions et nous nous asseyons sur les talons, les bras collés le long des cuisses; au commandement *deux,* nous nous redressons en tendant les jarrets, portant les bras en arrière, le haut du corps en avant ; nous répétons ces deux mouvements jusqu'à ce que nos élèves les fassent avec justesse et promptitude ; ensuite, au commandement *trois* de la seconde position, l'élève, à la suite d'un élan, porte les bras et le haut du corps en avant, tombe sur la pointe des pieds, et attend le commandement de l'instructeur pour recommencer.

13e EXERCICE. — *Le saut redoublé à pieds joints, par deux, par quatre ou par huit.*

Les élèves sont placées dans l'alignement, à la longueur de bras. Au commandement *fixe*, tous les bras droits tombent ensemble le long de la cuisse. Cet alignement doit toujours être le prélude des exercices des extrémités inférieures. L'instructeur commande : *Comptez-vous par deux, par quatre* ou *par huit*, selon la force et le nombre des élèves ; alors les quatre premières, aux commandements *un, deux, trois,* commencent l'évolution. *Un,* c'est rassembler ; *deux,* relever ; *trois,* sauter et reprendre la seconde position que l'on conserve, jusqu'à ce que l'instructeur répète le premier commandement. Le second peloton, qui est resté immobile pendant le départ du premier, commence maintenant à exécuter tous les temps que viennent de faire les premières parties. Au troisième commandement, le troisième peloton se met en mouvement, et ainsi de suite, pour toute la colonne. Chaque peloton a un saut d'avance sur celui qui le suit.

14e EXERCICE. — *Saut continu à pieds joints.*

Ici l'instructeur ne commande que le premier saut qui se fait un à un, par deux, quatre, huit, ou par toute la colonne de front. L'élève une fois en mouvement doit continuer le saut à pieds joints, jusqu'au bout de la carrière. Cet exercice étant très violent, il faut avoir soin de n'y admettre que des sujets robustes.

15ᵉ EXERCICE. — *La marche des spectres, la planche, ou glisser sans plier.*

Cette marche consiste à glisser en avant ou en arrière sur la pointe des pieds, en faisant de petits sauts, sans plier aucune articulation, et les bras collés le long du corps.

Cet exercice doit servir à donner du ton aux muscles et aux articulations qui se trouvent fort distendues à la suite des exercices précédents. Il tend à remettre ces parties dans leur état naturel, par la contraction qu'on leur imprime.

16ᵉ EXERCICE. — *Le saut à pieds joints au-dessus du cordon.*

Il contribue beaucoup à faciliter le saut franc, parce qu'il habitue les élèves à bien rassembler, et à tomber juste sur les deux pieds. On emploie, pour ce genre de saut, deux tréteaux de six pieds de hauteur, garnis de petites chevilles de bois placées à trois pouces de distance les unes des autres ; un cordon blanc, aux bouts duquel on attache deux sachets remplis de sable, forme la barrière que l'on doit franchir, et qui, dans aucun cas, ne saurait blesser les jeunes gens.

17ᵉ EXERCICE. — *Le saut franc en hauteur.*

Ici l'on exerce les jeunes personnes à sauter de pieds francs, sans élan et avec élan, ayant soin de hausser le cordon, à proportion des progrès qu'elles font. Chacune a la liberté de s'éloigner de l'objet autant qu'il lui plaît; mais il est bon de faire observer aux élèves que, lorsque la course préparatoire exavant ; nous répétons ces deux mouvements jusqu'à ce que nos élèves les fassent avec justesse et promptitude ; ensuite, au commandement *trois* de la seconde position, l'élève, à la suite d'un élan, porte les bras et le haut du corps en avant, tombe sur la pointe des pieds, et attend le commandement de l'instructeur pour recommencer.

13ᵉ EXERCICE. — *Le saut redoublé à pieds joints, par deux, par quatre ou par huit.*

Les élèves sont placées dans l'alignement, à la longueur de bras. Au commandement *fixe*, tous les bras droits tombent ensemble le long de la cuisse. Cet alignement doit toujours être le prélude des exercices des extrémités inférieures. L'instructeur commande : *Comptez-vous par deux, par quatre* ou *par huit*, selon la force et le nombre des élèves ; alors les quatre premières, aux commandements *un, deux, trois,* commencent l'évolution. *Un,* c'est rassembler ; *deux,* relever ; *trois,* sauter et reprendre la seconde position que l'on conserve, jusqu'à ce que l'instructeur répète le premier commandement. Le second peloton, qui est resté immobile pendant le départ du premier, commence maintenant à exécuter tous les temps que viennent de faire les premières parties. Au troisième commandement, le troisième peloton se met en mouvement, et ainsi de suite, pour toute la colonne. Chaque peloton a un saut d'avance sur celui qui le suit.

14ᵉ EXERCICE. — *Saut continu à pieds joints.*

Ici l'instructeur ne commande que le premier saut qui se fait un à un, par deux, quatre, huit, ou par toute la colonne de front. L'élève une fois en mouvement doit continuer le saut à pieds joints, jusqu'au bout de la carrière. Cet exercice étant très violent, il faut avoir soin de n'y admettre que des sujets robustes.

15ᵉ Exercice. — *La marche des spectres, la planche, ou glisser sans plier.*

Cette marche consiste à glisser en avant ou en arrière sur la pointe des pieds, en faisant de petits sauts, sans plier aucune articulation, et les bras collés le long du corps.

Cet exercice doit servir à donner du ton aux muscles et aux articulations qui se trouvent fort distendues à la suite des exercices précédents. Il tend à remettre ces parties dans leur état naturel, par la contraction qu'on leur imprime.

16ᵉ Exercice. — *Le saut à pieds joints au-dessus du cordon.*

Il contribue beaucoup à faciliter le saut franc, parce qu'il habitue les élèves à bien rassembler, et à tomber juste sur les deux pieds. On emploie, pour ce genre de saut, deux tréteaux de six pieds de hauteur, garnis de petites chevilles de bois placées à trois pouces de distance les unes des autres; un cordon blanc, aux bouts duquel on attache deux sachets remplis de sable, forme la barrière que l'on doit franchir, et qui, dans aucun cas, ne saurait blesser les jeunes gens.

17ᵉ Exercice. — *Le saut franc en hauteur.*

Ici l'on exerce les jeunes personnes à sauter de pieds francs, sans élan et avec élan, ayant soin de hausser le cordon, à proportion des progrès qu'elles font. Chacune a la liberté de s'éloigner de l'objet autant qu'il lui plaît; mais il est bon de faire observer aux élèves que, lorsque la course préparatoire excède dix pas, au lieu d'aider au saut, elle fatigue et habitue à ne pouvoir se passer d'un grand élan : ce qui est très nuisible, parce que souvent on se trouve dans le cas de franchir un obstacle quelconque dans un espace resserré. La course d'élan n'est qu'un sautillement sur la pointe des pieds ; plus on approche de l'objet, plus la rapidité augmente ; à la fin, le jet des bras, l'impulsion qu'on s'est donnée, le repliement des extrémités inférieures et des reins portent avec rapidité le corps au-dessus des objets. Dans la chute, il faut toujours conserver un parfait équilibre en tombant sur la pointe des deux pieds en même temps, les genoux et les hanches bien pliés, les mains tendues vers la terre (1).

18ᵉ EXERCICE. — *Le saut juste.*

Pour accoutumer nos élèves, dans tous les genres de saut, à tomber avec les deux pieds à la fois, nous plaçons horizontalement le mât de voltige à la hauteur de la cuisse, ensuite à la hauteur des hanches ; nous nous éloignons de quelques pas, et, après un petit élan, nous sautons sur le mât. Les deux pieds, joints dans le moment de la chute, ne font entendre qu'un seul coup. On doit répéter cet exercice jusqu'à ce que les élèves tombent juste, c'est-à-dire les deux pieds à la fois. Lorsqu'elles sont assurées dans cet exercice, nous leur faisons franchir le mât, ayant soin d'observer toujours les mêmes règles, premièrement, à la hauteur de la cuisse, ensuite à la hauteur des hanches.

---

(1) Au lieu d'habituer nos élèves à sauter avec un poids quelconque, nous leur faisons essayer cet exercice sur un terrain recouvert de sable à la profondeur de quatre pouces. Un semblable terrain rendant nécessaires de plus grands efforts, cela contribue beaucoup à l'augmentation des forces musculaires.

19ᵉ EXERCICE. — *Le saut franc en largeur,
avec ou sans élan.*

Il se fait ordinairement au-dessus d'un fossé, qui, par sa forme triangulaire, offre la facilité d'exercer toutes les élèves, chacune selon ses facultés. Ce fossé est creusé de manière que sa profondeur augmente en même temps que sa largeur. L'un des bords va aussi en augmentant de hauteur, jusqu'à sa partie la plus large, qui est de dix pieds, sur huit pieds de profondeur, depuis son plus haut bord jusqu'à sa base.

20ᵉ EXERCICE. — *Le saut en profondeur.*

Quoiqu'il soit très utile dans beaucoup de circonstances épineuses, on ne peut s'exercer à ce genre de saut que très difficilement, et avec beaucoup de précautions. Cependant on y peut atteindre un certain degré de perfection, comme dans les autres. Pour accoutumer nos élèves à sauter de différentes hauteurs, la partie diagonale de l'échelle de corde, la butte et le pont élastique nous offrent les différents degrés (1). A l'échelle, l'élève, fixé par une main à l'un des échelons, fait avec les pieds un petit mouvement en arrière, tombe légèrement sur la pointe des pieds, les bras tendus en avant vers la terre, pour servir à adoucir la chute. D'après les règles que nous venons de prescrire, plusieurs de nos élèves (dont le plus âgé avait treize ans) ont sauté, au dernier examen, quatorze pieds perpendiculaires, sans se faire le moindre mal.

---

(1) Voyez *Gymnastique élémentaire*, par Clias, Paris, 1819.

CHAPITRE II.

EXERCICES DES EXTRÉMITÉS SUPÉRIEURES.

PREMIÈRE SECTION.
MOUVEMENTS DES BRAS.

La force et la souplesse des bras étant de la plus grande nécessité pour celui qui se propose de faire des progrès dans la gymnastique, on ne peut assez recommander aux jeunes gens d'employer tous les moyens propres à acquérir ces deux qualités. Tout le monde est convaincu que la force des bras peut nous être d'un très grand secours dans beaucoup de circonstances, et quelquefois même nous sauver la vie. Dans un incendie, par exemple, où nous sommes obligés de descendre à une échelle mal assurée, dont les échelons sont mouillés, l'un ou les deux pieds à la fois nous glissent, et nous faisons une chute plus ou moins dangereuse, à proportion de la hauteur d'où nous tombons ; cette chute est inévitable, si nos bras ne sont pas assez forts pour résister à la secousse qu'ils éprouvent en voulant retenir le corps qui vient de perdre son point d'appui, et s'affaisse avec violence dès qu'il ne rencontre aucun obstacle. Ce cas est un des plus communs, et celui auquel presque tous les hommes sont exposés pour le moins une fois dans leur vie.

Comme, dans tous les exercices des extrémités supérieures, nous avons pour but principal de fortifier les muscles de la poitrine, des bras et du dos, et d'assouplir en même temps ceux des épaules, il est très important de tenir les élèves faibles ou raides, pendant quelque temps, aux exercices élémentaires, afin de donner à ces parties le temps d'acquérir assez de force et de souplesse pour pouvoir dans la suite exécuter avec aisance les exercices compliqués, car quoique, dans le système que nous avons créé, nous n'ayons adopté que des exercices conformes aux lois de la dynamique et aux règles de la physiologie et de l'hygiène, qui puissent augmenter la somme totale des mouvements et les forces de chaque organe en particulier, néanmoins il est essentiel d'observer les effets que produisent les différents exercices sur les individus qui demandent quelque ménagement. Dans le commencement, par exemple, on doit les faire reposer souvent et éviter soigneusement de les fatiguer. A la fin de chaque leçon, il faut même leur accorder une demi-heure de repos, couchées ou assises commodément.

1ᵉʳ EXERCICE. — *Mouvement de balancier.*

Pour exécuter le premier mouvement (*pl.* 3, *fig.* 1), que l'on doit faire lentement et avec beaucoup de précision, on porte en même temps le bras gauche sur la poitrine et le bras droit étendu en arrière, la paume de la main tournée vers la terre (*pl.* 3, *fig.* 1). Dans le second mouvement, le bras droit se porte en avant, revient à la première position (*même pl.*, *fig.* 7), et reste immobile. Le bras droit ayant pris la place du gauche sur la poitrine, celui-ci exécute le même mouvement que le premier, c'est-à-dire d'arrière en avant, et en sens inverse. Dans le mouvement alternatif, le bras droit se porte en avant et le bras gauche en arrière. Ce dernier à son tour est porté en avant et le bras droit en arrière, et ainsi de suite. Dans le mouvement double, au premier temps on porte les deux bras en arrière, en effaçant les épaules autant que possible, et les deux bras se meuvent en avant et en arrière. Cette action, qui paraît très aisée au premier coup-d'œil, doit être exécutée avec beaucoup de précision, à temps égaux, et en marquant bien tous les mouvements, sans néanmoins bouger le corps. A chaque mouvement des deux bras en arrière, la poitrine est haute et bien ouverte.

2ᵉ EXERCICE. — *Développer devant.*

Placé dans la position indiquée plus haut, on commence le premier mouvement en tournant la main droite sur la cuisse, le petit doigt en dehors; tout le bras se porte en avant sans changer de position, jusqu'à ce qu'il se trouve vis-à-vis de la ceinture ; ensuite, en pliant le poignet et baissant le coude, on décrit le long du corps, avec l'index, une ligne courbe depuis la hanche jusqu'à la hauteur de la clavicule ; on tourne ensuite la main droite en dehors, et, le poignet plié, l'on place l'index à quatre pouces au-dessus de l'œil droit. La *fig.* 2, *pl.* 3, représente cette position pendant l'exercice compliqué ; les points indiquent les différentes lignes que l'index parcourt. Ensuite, en développant le poignet le premier, l'on étend le bras droit devant soi et on le place à la première position. Pendant ce mouvement, le bras gauche pend immobile le long du corps. On exécute la même action avec le bras gauche. Dans le mouvement alternatif, l'un des bras se développe en avant, tandis que l'autre remonte le long du corps en décrivant les lignes dont nous avons parlé plus haut, pour prendre sa position, et de là développer à son tour tandis que l'autre remonte. Ce mouvement doit être bien suivi et s'exécuter avec beaucoup de régularité. Dans le mouvement double, les deux bras exécutent ensemble la même action que nous avons décrite, c'est-à-dire replient et développent en même temps.

3° EXERCICE. — *Mouvement en fronde.*

Dans cet exercice, l'un des bras est placé sur la poitrine, ainsi qu'il a été indiqué au 1er exercice. De là, en décrivant avec l'index, comme à l'exercice précédent, la ligne courbe depuis la hanche jusqu'à l'épaule, on porte le coude fortement en arrière, et, en développant de côté, on étend le bras droit de toute sa longueur en ligne avec l'épaule, la paume de la main en l'air (*fig. 3, même pl.*). Ensuite, avec l'index de cette main, on décrit un grand cercle en portant le bras d'avant en arrière. Lorsque l'on exécute bien le mouvement, on doit décrire un cône dont la base se trouve au bout de l'index et le sommet à l'articulation du bras avec l'épaule. Le même exercice s'exécute avec le bras gauche. Il n'y a point de mouvement alternatif. Le double s'exécute en portant les deux bras simultanément en ligne des épaules, après les avoir développés ainsi qu'il a été indiqué plus haut. Ensuite on leur communique lentement un mouvement de rotation d'avant en arrière, ayant soin de les enlever tendus et de les porter en arrière comme si l'on voulait faire toucher les coudes. Cette action doit s'exécuter lentement, avec précision et sans porter le haut du corps en arrière. Il est essentiel, dans les premières leçons, de bien faire comprendre aux élèves que, pour s'habituer à prendre une bonne position, il faut hausser la poitrine et non la renverser. Alors la ceinture rentre naturellement, les épaules prennent leur aplomb, et, dans tous les mouvements progressifs, les hanches sont forcées de se porter en avant. (V. *fig. 3, pl. 3.*)

4ᵉ EXERCICE. — *Assembler devant et développer des deux.*

Le but principal de cet exercice étant de développer et de faire ressortir la poitrine en contractant les muscles des épaules et du dos, et de bien ouvrir ou agrandir la poitrine, il faut que l'instructeur veille avec soin à la justesse de l'exécution des mouvements. Cet exercice a quatre temps distincts : *un*, c'est joindre le dos des mains devant la ceinture (*fig.* 4), le bout des doigts incliné vers la terre ; *deux*, les enlever au-dessus de la tête, le dos des doigts collé depuis la seconde phalange, les ongles en face ; *trois*, de cette position, en développant avec grâce les bras à droite et à gauche, ils se trouvent tendus horizontalement, la paume de la main en dessus, et *quatre*, en les abaissant doucement, les mains se placent le long des cuisses dans la première position. Ainsi *un*, c'est joindre les mains ; *deux*, les enlever au-dessus de la tête ; *trois*, c'est déployer et étendre les bras horizontalement de chaque côté du corps ; *quatre*, c'est affaisser les mains en les tournant pour les replacer le long des cuisses. Pour bien exécuter cet exercice, il faut développer lentement, avec grâce, et bien exprimer ou marquer tous les temps. (Voyez *pl.* 3, *fig.* 4 ; elle représente les différentes positions des bras.)

5ᵉ EXERCICE. — *Détacher de côté.*

Placé dans la position représentée *pl.* 3, *fig.* 5, il faut, sans déranger aucune autre partie du corps, développer le bras, ensuite le poignet, et replier le bras lentement en conservant le coude en ligne avec l'épaule. On arrive à cette position en passant par la ligne courbe dont il est parlé à l'exercice deuxième. Dans le mouvement alternatif, il semble que l'un des bras chasse l'autre, car, au moment que l'un développe, l'autre revient à la première position. Le mouvement double n'a rien de particulier. Ainsi que dans les exercices précédents, les deux bras développent et replient simultanément. Ce n'est pas l'exécution qui rend cet exercice difficile, ce n'est que la position que l'on est obligé de garder qui fatigue le plus, par la raison qu'ici l'on met en action ceux des muscles des épaules et du dos, qui sont rarement employés dans les différents exercices auxquels on se livre habituellement; au contraire, leurs antagonistes ont acquis beaucoup de force en se trouvant souvent contractés dans les positions où les jeunes personnes se tiennent long-temps pour écrire, dessiner, etc. Pendant cet exercice, il est essentiel que les élèves développent et replient avec grâce. En repliant, c'est le poignet qui agit le premier.

6ᵉ EXERCICE. — *Passer en dessous, ou décrire le demi-cercle.*

Placé bien d'aplomb et sans gêne, pour exécuter le premier mouvement de cet exercice, il faut, sans raccourcir le bras, tourner la main droite sur la cuisse, le petit doigt en dehors; ensuite le porter en avant sans le changer de position, jusqu'à ce qu'il se trouve au-dessus de la hanche gauche, si c'est le bras droit qui agit. Après, en pliant le poignet et le bras dans l'articulation du coude que l'on tient baissé, la paume de la main en dehors, on décrit avec l'index, le long du corps, une ligne courbe depuis la hanche droite jusqu'à la hauteur de l'épaule gauche. De là, en parcourant la ligne indiquée par les points, on le porte à la première position en développant gracieusement de côté, et portant le bras aussi loin en arrière que possible. Il est essentiel d'observer que, pour décrire cette ligne depuis l'épaule, il faut porter l'avant-bras en arrière par la contraction des muscles du dos et de l'épaule, avant de le développer en arrière et de côté. Le poignet ne se développe que lorsque le bras est déjà étendu et en ligne avec l'épaule (Voy. *pl.* 3, *fig.* 6). Cette figure représente la position des bras dans le mouvement simple, et la *fig.* 7, *pl.* 3, le mouvement alternatif. Ici les deux bras exécutent l'un après l'autre en agissant dans un sens inverse. Par exemple, tandis que le bras droit développe, le gauche remonte le long du corps et se trouve à la hauteur de la poitrine dans le moment où le bras droit est déjà étendu en ligne avec l'épaule. Dans le mouvement double, les deux bras, après avoir décrit simultanément jusqu'à la hauteur de la ligne la position que nous avons indiquée, les poignets toujours pliés, la droite se place devant ; ensuite, les deux bras développent à droite et à gauche, ainsi qu'il a été indiqué au mouvement simple. Lorsqu'il est bien exécuté, cet exercice est celui qui prépare le mieux les élèves à faire dans la suite avec aisance tous les mouvements compliqués, parce qu'il assouplit beaucoup les épaules et assure l'équilibre. Ensuite, le passage fréquent de la main devant la figure présente aussi l'avantage de forcer, pour ainsi dire, les élèves à tenir la tête dans une bonne position. Par conséquent, il est aisé de concevoir que cet exercice, souvent répété, doit puissamment fortifier ceux des muscles qui servent à maintenir la tête en arrière.

7e EXERCICE. — *Premier mouvement de natation.*
(La brasse.)

Ce mouvement s'exécute en deux temps bien marqués. Placée bien d'aplomb sur les deux pieds, la tête un peu en arrière, les reins cambrés, les bras pendants le long des cuisses, les doigts allongés et bien joints, on enlève le long des côtes la main que l'on place à plat sur la poitrine, ce qui forme le premier temps. Au second, on la porte droit devant soi, le bras allongé de toute sa longueur, la phalange de l'index à hauteur du menton. Au troisième temps, le bras toujours allongé, le pouce tourné vers la terre, après avoir fait décrire à la main un demi-cercle de gauche à droite, en la maintenant à la hauteur de l'épaule, on la ramène en passant le long des côtes à la seconde position en avant, et l'on continue en comptant, à temps égaux, *un*, en portant la main en avant, *deux*, en décrivant le demi-cercle. Après avoir répété cet exercice de la gauche, on l'exécute des deux mains en même temps, ce qui constitue le mouvement de natation des deux bras pour nager à la brasse, le corps placé horizontalement sur l'eau.

Ceci est la manière de nager généralement adoptée dans les pays civilisés ; et lorsqu'on exécute avec précision l'exercice que nous venons de décrire, les jambes ayant déjà été préparées au mouvement latéral par l'exercice que nous appelons *mouvement de natation des jambes,* il suffit de quelques leçons pour apprendre à bien exécuter en même temps les mouvements coïncidents des bras et ceux des jambes, ce qui constitue la natation. Indépendamment des grands avantages que présente cet exercice pour abréger l'instruction de celles à qui on veut apprendre à nager, l'on peut aussi considérer les mouvements coïncidents, souvent répétés sur le pliant (1), comme l'exercice le plus capable, s'il est suivi avec persévé-

---

(1) Espèce de siége fait exprès pour enseigner les mouvements coïncidents de la natation, semblable à ceux que l'on porte à la promenade pour s'asseoir.

rance, de guérir plusieurs difformités corporelles, surtout un commencement de déviation dans la colonne vertébrale occasionné par l'action irrégulière des muscles.

8° EXERCICE. — *Second mouvement de natation.*

(La coupe.)

Pour faire cet exercice, au premier temps, on porte en arrière le bras étendu de toute sa longueur, les ongles en dessus, les doigts collés; au second, en pliant un peu le coude, on lance doucement le bras d'arrière en avant, la main passant aussi près que possible de la tête, les doigts assemblés; le bras une fois allongé, on tourne la main, le pouce incliné vers la terre, et l'on exécute le même mouvement de pression, mais en bas, sans décrire un demi-cercle aussi étendu que dans le *nager à la brasse;* on porte de nouveau le bras en avant, l'on continue à temps égaux; on fait la même chose avec le bras gauche, ensuite l'on exécute avec autant de régularité que possible le mouvement alternatif (la *fig.* 3 représente le mouvement alternatif des bras); il n'y a point de mouvement double.

9° EXERCICE. — *Tracer à terre.*

La *figure* 9, *planche* 5, met sous les yeux du lecteur l'exercice que nous appelons *tracer à terre.* Pour l'exécuter avec aisance, il faut, étant droit et bien d'aplomb, commencer 1° à détacher du corps le bras droit étendu de toute sa longueur, l'enlever parallèle avec la tête, de manière à décrire, pendant ce mouvement, un demi-cercle depuis le genou au sommet de la tête; 2° en avançant l'épaule droite un peu en avant, porter lentement, sans le plier, le bras à gauche en rasant la figure. Pendant cette action, le haut du corps se penche à gauche en faisant un faible mouvement de rotation sur les hanches, et, pour faciliter un peu cette action, on écarte légèrement le talon du pied droit, afin de pouvoir plier le genou et la hanche du même côté. Ensuite, en tendant la jambe gauche, on essaie de toucher à terre avec l'index de la main droite, tout près de la cheville du pied gauche. 3° De là, sans redresser le corps ni plier la jambe gauche, on fait le simulacre de tracer à terre, avec l'index de la main droite, le bras étendu de toute sa longueur, un demi-cercle depuis la cheville du pied gauche jusqu'à celle du pied droit, et on reprend doucement la première position. On doit faire aussi cet exercice avec le bras gauche et ensuite l'exécuter alternativement.

11.ᵉ Exercice. — *Plier le haut du corps.*

Dans le mouvement double ou des deux bras à la fois, on les enlève en même temps parallèles avec la tête, les paumes tournées en avant; ensuite, de cette position on penche le haut du corps en avant et vers la terre, sans déranger les bras, et, les jambes tendues, on essaie de toucher, avec le bout des doigts, la terre entre les pieds (*pl.* 3, *fig.* 9), et on se redresse graduellement en exécutant le mouvement inverse de celui que l'on a fait pour prendre la première position.

12ᵉ Exercice. — *Plier en développant.*

Pour exécuter l'exercice représenté *fig.* 15 et 16, *pl.* 4, il faut porter l'un des pieds (le droit par exemple) un pas en avant du gauche, le talon vis-à-vis de la cheville du pied gauche, le genou dans la direction de la pointe du pied; ensuite, en tendant le jarret gauche, on porte doucement le corps en avant en pliant sur le genou droit, et, après avoir conservé cette position un instant, en faisant les mouvements dans un sens opposé (en pliant le genou gauche, tendant le genou droit et portant le haut du corps en arrière), on prend la position représentée *fig.* 16, et l'on continue cet exercice en pliant tantôt la jambe gauche et tantôt la droite, jusqu'à ce qu'on le fasse avec aisance; c'est-à-dire plier aisément l'une des jambes tandis que l'on tend l'autre, sans déranger la position du haut du corps, car il doit être, pour ainsi dire, perpendiculaire sur les hanches.

Dans la suite, lorsque l'on saura bien exécuter cet exercice, on pourra, en le faisant, essayer le second exercice des bras, ayant soin surtout de développer gracieusement l'un des bras, tandis que l'autre tombe doucement le long du corps ou sur la cuisse.

L'on peut aussi changer en pivotant sur les talons, c'est-à-dire, de la position représentée *fig.* 15, en pivotant sur les deux talons, prendre la position inverse.

13ᵉ EXERCICE. — *Enlever et baisser le haut du corps.*

Nous avons placé cet exercice à la suite de ceux des bras, parce qu'il contribue puissamment à fortifier les muscles abdominaux et ceux de la poitrine. Il paraîtra facile au premier coup-d'œil, car il dépend en partie du poids relatif des deux extrémités du corps. On remarque cependant que, pour l'exécuter de la manière que nous l'indiquons, il exige une action considérable des muscles abdominaux.

Couché sur le dos, les bras collés au corps, les jambes réunies et toutes les articulations tendues, on enlève lentement, sans élan et sans s'aider des bras, la tête (*fig.* 17, *pl.* 4), puis tout le haut du corps jusqu'à ce que l'on se trouve assis (*fig.* 18, *pl.* 4). De cette position on vient lentement à celle d'où l'on est parti, en portant doucement le haut du corps en arrière, sans renverser la tête, qui ne doit toucher la terre que la dernière. Si l'on s'aperçoit que les jambes se lèvent quand l'élève fait des efforts pour lever le haut du corps, on lui facilitera cet exercice en appliquant la main sur ses pieds, de manière à faire contre-poids et à lui donner à volonté un point d'appui plus ou moins solide. Avant de commencer à s'enlever, de même qu'avant de se recoucher, il est convenable de faire une grande aspiration et de retenir ensuite la respiration jusqu'à ce que le mouvement soit exécuté.

Comme moyen orthopédique, cet exercice nous a toujours réussi lorsqu'il s'agissait de provoquer le signe de la puberté chez les jeunes filles qui avaient passé l'âge où ce phénomène se manifeste ordinairement. Souvent même, à la troisième leçon, le signe était complet, et jamais aucune des jeunes filles qui ont été soumises à ce traitement sous ma direction, n'est arrivée jusqu'à la huitième leçon sans obtenir le résultat désiré.

Quand on fera cet exercice avec facilité, on pourra le varier en croisant les bras sur la poitrine (*fig.* 17), ou en les maintenant allongés le long de la tête.

On fortifiera également les muscles antagonistes du dos et du cou, en se couchant sur la poitrine, les mains repliées sur les reins, et en essayant ainsi de relever et de recoucher le haut du corps (*fig.* 19, *pl.* 4).

DEUXIÈME SECTION.

MOUVEMENTS AVEC INSTRUMENTS.

Ces exercices, selon l'opinion de plusieurs hommes de l'art, les médecins, sont très propres à détruire les effets nuisibles qui résultent d'une vie trop sédentaire ou de mauvaises postures. Nous en avons reconnu nous-même l'efficacité toutes les fois que nous en avons fait usage, après y avoir préparé convenablement les jeunes personnes par des exercices plus simples. C'est ainsi que nous sommes parvenu à guérir des déviations récentes de la colonne vertébrale, et à fortifier considérablement les jeunes personnes dont la faiblesse musculaire était générale.

EXERCICES DE LA CANNE.

L'exercice de la canne offre aux muscles du dos les mouvements les plus favorables à leur développement ; il contraint les bras de prendre une position qui efface les omoplates et ouvre la poitrine.

1ᵉʳ Exercice. — *Enlever droit.*

Placée bien d'aplomb, la canne dans les deux mains, les ongles en dessous, les bras tendus de toute leur longueur, pliez le coude et les poignets, et enlevez la canne en la passant près du corps jusqu'à la hauteur de la ceinture ; étendez les bras de toute leur longueur pour la porter en avant à la même hauteur ; ramenez-la en arrière à la première position ; enlevez de la même manière jusqu'à la hauteur des yeux ; exécutez là le même mouvement en avant et en arrière. Prenez la troisième position en élevant la canne au-dessus de la tête, les bras tendus, et revenez à la première position en répétant, en sens inverse, tous les mouvements que l'on vient de décrire.

Tous ces mouvements doivent s'exécuter doucement, avec aisance et précision. La canne, en passant le plus près du corps possible, n'en doit jamais déranger la position, les bras et les mains doivent seuls se mouvoir ; la tête reste un peu renversée en arrière.

Cet exercice se décompose en sept temps : 1° enlever à la hauteur de la ceinture ; 2° porter les bras en avant ; 3° en arrière ; 4° élever la canne à la hauteur des yeux ; 5° porter les bras en avant ; 6° en arrière ; 7° élever la canne au-dessus de la tête, les bras tendus.

2º Exercice. — *Replier sous le bras.*

Placée dans la position indiquée, on replie le bras gauche sous l'aisselle (*fig* 20, *pl.* 4), tandis que l'autre est tendu le long de la canne, la paume de la main tournée vers la terre ; On exécute cet exercice alternativement des deux bras, en conservant les épaules bien d'aplomb, et en changeant la position des doigts avec aisance, à mesure que les mouvements des bras se succèdent.

3º Exercice. — *Étendre de côté.*

Après avoir exécuté les trois premiers temps du premier exercice, l'on étend l'un des bras en repliant l'autre pour prendre la position indiquée *fig.* 21, *pl.* 4. Ce mouvement s'exécute alternativement des deux bras ; la main du bras qui est étendu est inclinée vers la terre.

Dans cet exercice, les bras agissent toujours en ligne avec

les épaules ; la tête reste immobile, penchée un peu en arrière. Il est essentiel d'observer qu'en général, dans tous les exercices de la canne, les épaules doivent être parfaitement effacées.

4ᵉ EXERCICE. — *Passer derrière.*

La canne placée dans les deux mains, les ongles en dessous, comme pour le second exercice, on l'enlève droit devant soi au-dessus de la tête ; on porte les coudes en arrière autant que possible, puis on les baisse dans la direction des hanches, faisant ainsi descendre la canne le long du corps sans la laisser glisser entre les mains (*fig.* 22). Ce dernier temps se répète plusieurs fois de suite, c'est-à-dire que, sans déranger la position du corps et sans bouger la tête, on abaisse et on élève successivement la canne.

5ᵉ EXERCICE. — *Passer au-dessus de la tête en arrière.*

Placée dans la première position indiquée au premier exercice, on porte le bras droit devant la figure, la main à la hauteur de l'épaule gauche ; puis, en pliant le coude et le poignet, on passe le bras au-dessus de la tête sans la toucher, pour l'amener dans la position indiquée *fig.* 23, *pl.* 5. Pendant ce temps, le bras gauche obéit avec souplesse aux impulsions que lui donne le droit. La canne ne doit pas glisser dans la main. Après être revenu à la première position en passant le bras d'arrière en avant, on répète le même exercice avec la main gauche ; et, quand les deux bras sont également bien exercés, on exécute le mouvement alternatif en passant en arrière avec le bras droit, et revenant en avant avec le bras gauche, et *vice versâ*. Il est inutile d'ajouter que, le premier passage exécuté, il faut changer la position des bras pour exécuter le second; c'est-à-dire après le passage au-dessus de la tête, prendre la position *fig.* 22, *pl.* 4, pour repasser.

JEU DU CERCEAU.

Le jeu du cerceau fait en quelque sorte partie des exercices de la canne. Son action s'exerce surtout sur les muscles des extrémités supérieures.

Les cerceaux dont on se sert dans ce jeu ont un diamètre de deux à trois décimètres, et sont entourés de rubans. Un certain nombre de personnes se placent à distance les unes des autres dans un espace vide, munies chacune d'une canne légère et bien unie. Le cerceau se lance (*fig.* 24, *pl.* 5) en pliant le bras et le redressant vivement dans la direction où on veut l'envoyer. Il est reçu, avant sa chute, à l'extrémité du bâton, soit par la personne qui s'exerce seule en le lançant verticalement, soit par celle qui est placée le plus près d'elle et à qui elle l'a lancé. Ce jeu peut être rendu plus difficile en faisant croiser les cerceaux; alors chaque personne tient un bâton ou une canne de chaque main, et reçoit de la main gauche en même temps qu'elle lance de la main droite.

JEU DE PAUME.

Parmi le grand nombre de jeux auxquels les jeunes gens se livrent, le jeu de paume peut être considéré comme l'un de ceux dont on peut tirer le plus grand parti pour l'éducation physique des jeunes filles. Il offre un moyen de développer l'adresse et la souplesse des membres en général, comme aussi de fortifier certaines parties du corps. Ainsi que la plupart des exercices décrits dans cet ouvrage, ceux-ci conviennent également aux enfants des deux sexes; ils peuvent être employés avec ménagement pour les sujets d'une constitution faible et délicate. Ils sont à la portée de tout le monde, puisqu'ils n'occasionnent aucuns frais, et qu'il n'y a, pour ainsi dire, aucun local qui ne convienne à ces exercices.

1er EXERCICE. — *Rabattre des deux.*

Cet exercice, le plus simple, comme aussi le plus en vogue chez les jeunes filles de plusieurs pays, peut s'exécuter de deux manières, debout ou à genoux. Dans le premier cas, la personne qui s'exerce se tient devant une table, un banc ou une pierre unie qui lui va à hauteur des genoux ; elle fait bondir la paume dessus et la rabat avec les deux mains alternativement un certain nombre de fois sans la laisser rouler à terre. Pour rendre cet exercice réellement utile, il faut que la personne qui s'y livre soit placée bien d'aplomb sur les deux pieds, qu'elle agisse également des deux mains et augmente successivement l'étendue de la ligne que décrit la paume en bondissant, c'est-à-dire qu'elle lui laisse le temps de s'élever jusqu'à la hauteur du front. Plusieurs de nos élèves rabattent la paume jusqu'à mille fois sans la laisser échapper.

2e EXERCICE. — *Rabattre des deux à genoux.*

On conçoit que l'exercice décrit précédemment est plus difficile dans cette position ; nous avons cru qu'il méritait d'être indiqué, parce qu'il a une utilité réelle, et que, dans plusieurs cas, il peut remplir les vues des orthopédistes qui ont plus de confiance dans l'action des muscles que dans l'emploi des machines.

3º EXERCICE. — *La paume à terre d'une main.*

L'élève, placée le pied droit en avant sur un parquet ou sur des pierres unies, jette la paume contre terre et la reçoit dans la main, les ongles en dessous, sans bouger de place. Ainsi que dans le premier exercice, on doit augmenter la longueur de la ligne parcourue par la balle, jusqu'à ce qu'elle s'élève à hauteur du front. Le même exercice doit s'exécuter de la main gauche, et, si l'on est droitier, il faut persévérer avec cette main jusqu'à ce qu'elle ait acquis autant d'adresse que l'autre. Quand c'est la main gauche qui agit, le pied gauche doit être placé en avant, la main inactive pend le long du corps, si l'on ne préfère plier le bras sur les reins.

4º EXERCICE. — *Changer de main et croiser.*

Placé comme pour l'exercice précédent, on jette la paume contre terre de la main droite, de manière à la faire toucher à quelques pouces de distance en dedans du pied droit; la main gauche saisit la paume au bond, la remet aussitôt dans la droite qui continue de la lancer à terre de la même manière. Le même exercice s'exécute ensuite de la main gauche. Pour le mouvement alternatif, chaque main lance et reçoit alternativement. Pendant cet exercice, les deux pieds sont placés sur la même ligne.

5º EXERCICE. — *La paume au mur.*

Il y a trois manières différentes de jouer à la paume au mur. La première consiste à se placer à trois pas de distance de la muraille, à y lancer la paume de la main droite, d'abord à trois ou quatre mètres de hauteur, à la ressaisir d'une seule main avant qu'elle ne touche terre ; puis, à mesure qu'on devient plus habile, à s'éloigner graduellement du mur, en jetant toujours un peu plus haut. Dans le mouvemement alternatif, on lance d'une main et on reçoit de l'autre, en employant tantôt la droite tantôt la gauche pour lancer la paume. Il est avantageux de s'habituer à jeter indistinctement la paume de bas en haut, comme on lance les boules en jouant aux quilles, ou en passant la main d'arrière en avant par-dessus la tête.

6ᵉ EXERCICE. — *Tenir au mur.*

L'élève, placée vis-à-vis de la muraille, comme nous venons de le dire dans le paragraphe précédent, jette la paume au mur, et, se servant de la main, comme d'une raquette, la renvoie continuellement en frappant des deux manières que nous venons d'indiquer pour lancer la balle. Il faut s'exercer à se servir également des deux mains pour cela.

7ᵉ EXERCICE. — *Les trois coups.*

En observant les règles prescrites au cinquième exercice, pour la distance à laquelle on doit se placer du mur, on peut commencer celui-ci en lançant premièrement la paume soit au mur, soit à terre. Dans le premier cas, après l'avoir jetée à la muraille, on la saisit au premier bond qu'elle fait à terre pour la renvoyer contre le mur. Dans le second, on ne la lance au mur qu'après lui avoir fait toucher terre ; elle touche donc d'abord la terre, puis la paume de la main, en troisième lieu le mur, et ainsi de suite. Dans le premier cas, elle touche d'abord le mur, ensuite la terre et en troisième lieu la main. Cet exercice présente déjà beaucoup plus de difficultés que les précédents, et est beaucoup plus fatigant, à cause de la flexion fréquente de la hanche sur laquelle on agit. Il est essentiel, pour cette raison, d'obliger les élèves à exercer également les deux mains.

8° EXERCICE. — *A terre et au plafond.*

Cet exercice ne diffère du précédent qu'en ce qu'au lieu de faire toucher la paume au mur au moment où elle rebondit de terre, on la frappe pour la faire toucher au plafond. Cet exercice, d'autant plus fatigant que l'appartement est plus bas, est un moyen facile de se réchauffer promptement sans quitter la chambre.

9° EXERCICE. — *Les ricochets.*

Cet exercice est un délassement du précédent. Deux élèves de même force se placent à dix pas l'une de l'autre ; l'une jette la balle au milieu de l'espace qui les sépare, de sorte que la paume, en rebondissant, se dirige obliquement vers la tête de la seconde. Au lieu de faire toucher la paume à terre, on peut également la faire toucher au plafond. Cependant cet exercice, modifié de cette dernière manière, est trop fatigant pour des jeunes personnes.

10° EXERCICE. — *Les deux paumes.*

Quand les élèves sont assez bien exercées pour recevoir, rabattre et lancer la paume également des deux mains, on essaiera de faire exécuter les exercices précédents au moyen de deux paumes, l'une dans la main droite et l'autre dans la gauche ; ensuite, en plaçant deux élèves de même force à dix pas de distance, on commence par leur faire jeter et attraper alternativement une paume de chaque main, puis les deux en même temps, c'est-à-dire que les deux mains reçoivent et renvoient au même instant les deux paumes. Dans ce cas, il faut toujours lancer les paumes d'arrière en avant ou de bas en haut, en leur faisant décrire des courbes bien régulièrement égales.

11ᵉ Exercice. — *Croiser les paumes.*

Placées comme pour l'exercice précédent, au lieu de jeter les deux paumes l'une après l'autre ou à la fois, les deux joueuses en prennent chacune une de la main droite, les lancent en même temps de manière à les faire croiser en l'air, et chacune reçoit de la main gauche la balle lancée par l'autre. Trois, quatre et même un plus grand nombre de personnes peuvent s'exercer simultanément à ces derniers jeux ; seulement il faut qu'elles soient à peu près de force égale.

Les exercices de la paume, tout simples qu'ils paraissent, fortifient les bras, les muscles de la poitrine et du dos, donnent beaucoup de souplesse à la colonne vertébrale, affermissent le haut du corps sur les hanches et augmentent la force des stations.

La sphéristique des anciens, qui embrassait tous les exercices où l'on employait une balle ou paume, doit avoir eu beaucoup de ressemblance avec ceux que nous venons de décrire ; elle faisait une partie considérable de l'orchestique, sous laquelle on comprenait les différents exercices qui ont rapport à la danse, c'est-à-dire qui demandent beaucoup de légèreté et de souplesse dans toutes les parties du corps, et surtout dans les jambes et les bras, pour permettre de prendre une quantité d'attitudes gracieuses.

CHAPITRE III.

EXERCICES COMPLIQUÉS.

PREMIÈRE SECTION.
MOUVEMENTS SANS INSTRUMENTS.

Sous cette dénomination nous entendons parler de ceux de nos exercices individuels où les extrémités supérieures et les inférieures agissent simultanément, ce qui, par conséquent, doit procurer aux divers mouvements commandés par nos besoins, beaucoup d'équilibre, d'harmonie ; assurer la station active en faisant aisément trouver le centre de gravité, et par-là communiquer à tous nos mouvements beaucoup d'aplomb, de grâce et d'agilité.

Après avoir indiqué tous les moyens propres à augmenter la force et la souplesse des membres par une marche progressive, qui agit tantôt sur les unes, tantôt sur les autres parties du corps séparément, il est indispensable d'indiquer aussi une série d'exercices où toutes les parties du corps, étant plus ou moins en action, doivent souvent s'entr'aider pour arriver au but que l'on se propose.

Ces exercices se divisent en mouvements simples et en mouvements croisés. Dans le premier cas, ce sont toujours les membres correspondants qui agissent ensemble, au lieu que, dans les mouvements croisés, ce sont les membres opposés qui agissent en même temps.

1ᵉʳ Exercice.

Exercice des bras avec le pas ordinaire.

Au premier temps l'on porte en même temps en avant le bras droit et le pied du même côté ; le bras exécute le mouvement, et l'on porte en même temps le pied droit un pas en avant du gauche, pivotant sur la pointe de ce dernier afin de se trouver d'aplomb sur les hanches et sur les deux pieds. Au second temps, l'on reprend la première position d'où l'on était parti ; l'on fait la même chose du côté gauche ; suit le mouvement alternatif, puis le mouvement double des bras avec le mouvement alternatif des pieds.

2ᵉ Exercice.

Exercice des bras avec le piaffer au pas.

Au premier temps de celui-ci on enlève en même temps le bras et la jambe, ainsi qu'il est représenté *fig.* 2, *pl.* 3. Au second, tandis que l'on développe le bras en avant, la jambe reprend sa position à côté de l'autre. Après avoir exécuté la même chose de la gauche, suit le mouvement alternatif, ensuite le mouvement double des bras avec le mouvement alternatif des pieds.

3ᵉ Exercice.

Il s'exécute comme le premier avec le pas ordinaire. Au premier temps on meut en avant la jambe et le bras, ce dernier étendu de toute sa longueur. Depuis cette position, pour exécuter le second temps, dans le moment où la jambe se porte en arrière à côté de celle qui était restée immobile, le bras exécute avec vigueur le mouvement de rotation décrit au troisième exercice des bras. Il n'y a point de mouvement alternatif. Pendant le mouvement double des bras, l'on exécute le mouvement alternatif des jambes.

4ᵉ Exercice.

Détacher de côté avec le mouvement de natation des jambes.

Pour exécuter celui-ci, tandis que l'on développe l'un des bras, la jambe du même côté écarte, ainsi qu'il est décrit à l'exercice des extrémités inférieures. La *fig.* 5, *pl.* 3, représente le mouvement croisé. Le mouvement alternatif et le mouvement double des bras se font d'après les mêmes principes que nous avons décrits plus haut.

5ᵉ Exercice.

Assembler devant avec le pas d'école.

Au premier temps, en assemblant le dos des mains devant la ceinture, on lève le talon du pied qui doit agir le premier. Au second, en enlevant les mains au-dessus de la tête, on lève le genou dans la direction de la figure, comme au piaffer. Au troisième, en étendant les bras des deux côtés du corps, on étend en avant la jambe levée ; et au quatrième, en laissant tomber les bras le long des cuisses, on place le pied à côté de l'autre. La *fig.* 4, *pl.* 3, représente les différentes position des bras.

6ᵉ Exercice.

Développer en dessus avec le pas croisé.

La *fig.* 11, *pl.* 3, représente le mouvement simple ; la *fig.* 6 le mouvement croisé, et la *fig.* 12 le même mouvement en arrière. Lorsqu'on fait cet exercice en avançant ou en reculant, il faut bien pivoter sur le pied qui se trouve en arrière.

7ᵉ EXERCICE.

Avec le mouvement double de natation des bras.

Faire en place le mouvement alternatif de natation des jambes, en avançant ou en reculant ; on fait, avec le même mouvement double des bras, le pas ordinaire.

8ᵉ EXERCICE.

Avec le second mouvement de natation des bras.

On l'exécute alternativement, on fait le pas ordinaire, en avançant et en reculant. Pendant le mouvement rétrograde, on meut alternativement les bras en arrière, comme dans le troisième exercice.

Dès que les élèves font en place, avec assurance, les exercices compliqués que nous venons de décrire, on les leur fait exécuter en avançant, puis en reculant ; après croisés en place, puis aussi croisés en avançant et en reculant.

Après chacun des exercices compliqués que l'on fait en place, il faut faire prendre aux élèves la position représentée *fig.* 10, *pl.* 3, tantôt la jambe droite en avant, tantôt la gauche, les bras placés ainsi qu'il est indiqué. Lorsque les exercices compliqués se font en allant en avant ou en arrière, au bout de chaque ligne que l'élève a parcourue, on lui fait exécuter une flexion, tantôt sur l'une, tantôt sur l'autre jambe.

DEUXIÈME SECTION.

EXERCICES COMPLIQUÉS AVEC LA CANNE.

Après avoir répété en place les exercices de la canne que nous venons de décrire, on doit aussi les faire exécuter en avançant ou en reculant, en exécutant en même temps l'un des exercices des extrémités inférieures.

1er EXERCICE.

En exécutant le pas ordinaire, changer la canne de position à chaque pas que l'on fait.

Premier temps. Depuis la position représentée *fig.* 23, *pl.* 5, prendre, avec le bras gauche, en passant par la position représentée *fig.* 22, celle de la *fig.* 23, et continuer ce changement à chaque pas que l'on fait. Au bout de chaque ligne que l'on parcourt, on fera fléchir l'élève sans changer la position des bras. Lorsqu'on fléchit sur le pied gauche, la canne doit se trouver dans la position représentée *fig.* 23 : le contraire a lieu quand on fléchit sur le pied droit.

2e EXERCICE.

Avec le piaffer au pas.

Au premier mouvement de la jambe, passer la tête sous l'un des bras, et au second la repasser sous l'autre, ayant soin d'achever en même temps le mouvement des bras et celui de la jambe.

3e EXERCICE.

Le même exercice avec la canne, en exécutant le pas

croisé, en avançant et en reculant. Pour la position des pieds, voyez *fig.* 11, 12. La première représente le mouvement en avant, et l'autre en allant en arrière. Dans celui-ci les membres se meuvent toujours en sens contraire : tandis que le pied droit se meut de gauche à droite, on passe la canne sous le bras gauche.

4ᵉ EXERCICE.

Le passage alternatif de la canne avec le pas d'école.

Depuis la position (*fig.* 23, *pl.* 5), au premier temps, en levant le talon du pied droit, on porte la canne en avant ; au second, tandis qu'on lève le genou dans la direction de la figure, comme au piaffer, la canne reprend la première position ; au troisième, la jambe est tendue en avant, en même temps que la canne se place sur les reins dans la position *fig.* 22 ; au quatrième temps, tandis que le pied pose à terre, on reprend, avec la canne, la première position.

5ᵉ EXERCICE.

On exécute le pas croisé en changeant les bras de position.

6ᵉ EXERCICE.

Le même pas avec le passage alternatif, faisant un pas à chaque mouvement de bras, soit en avançant, soit en reculant.

7ᵉ EXERCICE.

Même mouvement des bras avec la canne, en exécutant alternativement un pas croisé et une flexion, ayant soin de placer la canne dans la seconde position à gauche (*fig.* 23), quand on fléchit sur la jambe droite, et de la placer dans la seconde position à droite, quand on plie sur la gauche (1).

CONTINUATION DES EXERCICES COMPLIQUÉS.

Sauter, courir, danser au cordon.

Les exercices du cerceau pour les garçons et ceux du cordon pour les filles, sont recommandables sous tous les rapports. En mettant le corps en action dans tous les sens, ils en augmentent la force et l'adresse, et rendent les membres d'une souplesse étonnante. Leur grande simplicité présente encore l'avantage de pouvoir les exécuter partout, sans aucun danger. Des enfants de sept à huit ans peuvent essayer les plus simples, sans courir aucun risque de se blesser. Dans la suite, ils apprennent d'eux-mêmes à faire les plus difficiles. Quoique très simple en apparence, cet exercice est susceptible d'un grand nombre de variations. Il doit obtenir la préférence sur beaucoup d'autres, parce que les mouvements qu'il exige développent le corps d'une manière plus étendue et plus variée. Ainsi que tous les autres exercices élémentaires, ceux dont il est ici question présentent l'avantage de pouvoir être exécutés par un grand nombre d'élèves à la fois. Chacune des élèves ayant son cordon, on peut en exercer beaucoup sur une même ligne. En suivant ici la gradation des différentes classes, le spectateur voit dans la même leçon les exercices les plus simples et ceux qui sont les plus compliqués. Le

---

(1) Dans les différents exercices que nous venons de décrire, il est aisé de voir que les muscles propres de l'épine s'unissent aux muscles accessoires pour lui faire décrire une suite d'ondulations plus ou moins étendues, et ils participent ainsi à l'accroissement de vigueur qui résulte de la répétition fréquente des mêmes mouvements.

cordon dont on se sert pour cet exercice doit être fort souple ; sa longueur, quand on le tient des deux mains, est depuis la cheville du pied jusqu'aux hanches.

Cet exercice consiste à faire passer sous les pieds et au-dessus de la tête le cordon dont on tient un des bouts dans chaque main.

1ᵉʳ EXERCICE.

Passer devant en place.

La position est ici la même qu'au premier exercice, c'est-à-dire le haut du corps bien d'aplomb sur les hanches, la tête droite, les talons sur la même ligne. Pour commencer, on jette le cordon derrière, on l'enlève en lui communiquant un mouvement d'impulsion en avant ; il passe sous les pieds, remonte derrière le dos, vient par-devant, passe sous les pieds, et ainsi de suite. Il faut que le cordon exécute un mouvement de rotation entre les doigts ; c'est le seul moyen de l'empêcher de tourner, quand il n'est pas muni d'un tourniquet à l'un des bouts. Pendant cette action, les bras sont un peu pliés, et n'ont que peu de mouvement ; l'action principale est dans les poignets.

La *fig.* 25, *pl.* 5, représente le mouvement de la corde en avant.

2ᵉ EXERCICE.

Passer derrière en place.

Ici le mouvement s'exécute en sens contraire à l'exercice précédent. Le cordon placé devant, on le fait passer au-dessus de la tête, derrière le dos et sous les pieds, etc.

3ᵉ EXERCICE.
Passer devant en courant.

Celui-ci ne diffère des précédents qu'en ce qu'on l'exécute en avançant et en reculant. Dès que l'on fait ces trois exercices avec précision, on peut essayer le *toucher derrière*, le *toucher devant* et le *piaffer au galop*, ensuite passer au suivant. Quoiqu'ils présentent plus de difficultés, on parviendra facilement à les exécuter, si l'on a bien fait les premiers.

4ᵉ EXERCICE.
Passer en dansant en place.

En exécutant :
1° *Courir en place*;
2° *Piaffer au trot*;
3° *Balancer sur une jambe*;
4° *Piaffer au galop*;
5° *Le pas à deux temps*;
6° *Le saut double* (faire deux petits sauts, les deux pieds joints).

Dans cet exercice, la position et les mouvements des pieds dépendent absolument de la volonté et de l'adresse de celle qui s'exerce. On peut varier à l'infini l'action des pieds, tandis que la corde tourne, tantôt d'arrière en avant, tantôt d'avant en arrière. Souvent, tandis que la jambe droite se trouve tendue en avant, la gauche, en se relevant en arrière, vient toucher le haut des cuisses. La gauche se porte à son tour en avant, et la droite touche. On peut aussi essayer le *balancer*, tantôt sur l'une, tantôt sur l'autre jambe. Les jeunes personnes qui auront déjà pris quelques leçons de danse, pourront faire toutes sortes de figures pendant que le cordon se meut sans interruption.

5ᵉ EXERCICE.

Passer simple et croiser en place.

Le premier passage s'exécute comme les précédents ; au second, les bras se croisent de la manière suivante : dans le moment où la corde tombe devant, les mains se croisent dans la direction et à la hauteur des hanches ; la droite passe à gauche, et la gauche à droite. On fait alternativement tantôt le passage droit, tantôt le passage croisé. Quand on exécute cet exercice avec facilité, on peut essayer de le faire en arrière.

6ᵉ EXERCICE.

Les trois sauts alternatifs, simple, double et croisé.

Cet exercice est un des plus agréables aux yeux des spectateurs ; il est aussi très facile pour celles des élèves qui ont bien fait les précédents. Ici l'essentiel est de savoir communiquer au cordon une impulsion assez forte pour qu'il puisse, pendant le saut, passer deux fois sous les pieds. C'est ce qu'on appelle *doubler*. Dès qu'on est parvenu à doubler plusieurs fois sans peine, on essaie de passer alternativement, sans s'arrêter, deux fois simple, une fois double et une fois croisé. On peut faire les mêmes exercices en arrière en place, ensuite en courant en avant et en arrière. Ici il n'y a que le doublé en arrière qui soit un peu difficile ; les autres s'exécuteront sans peine, pour peu qu'on s'y applique.

7ᵉ Exercice.
Doubler droit et croiser.

Cet exercice commence à présenter quelques difficultés. Dans celui-ci, les bras et les mains doivent se mouvoir avec beaucoup de vitesse. Tandis que le cordon passe deux fois sous les pieds, les mains se meuvent d'après un changement déterminé. Au premier passage, elles agissent simplement, chacune de son côté; au second, elles se croisent en faisant exécuter à la corde un tour sous les pieds.

8ᵉ Exercice.
Doubler en croisant.

Cet exercice est un des plus difficiles. Néanmoins, pour peu qu'on s'y applique, on pourra l'exécuter en peu de jours. Le principal est de croiser les mains avec rapidité, aussitôt que l'on a communiqué au cordon un mouvement assez prompt pour le faire passer deux fois de suite sous les pieds, pendant que l'on exécute le saut.

Voilà les exercices les plus marquants du cordon. Il nous serait impossible de décrire tous ceux que nos élèves exécutent. Nos exercices élémentaires des extrémités inférieures leur fournissent des moyens inépuisables de les varier à l'infini.

TROISIÈME SECTION.

TRIANGLE MOUVANT.

De tous les instruments gymnastiques que nous avons imaginés pour développer les muscles, en particulier ceux de la poitrine, des bras, des épaules et du dos, le triangle est celui qui mérite la préférence sous tous les rapports, parce qu'il présente les avantages incalculables de pouvoir être placé presque partout sans inconvénient. C'est à l'aide de cet instrument que l'on peut enseigner en très peu de temps, aux enfants des deux sexes, à mouvoir leurs corps dans tous les sens, tantôt à l'aide des bras, tantôt à l'aide des jambes. Outre les avantages qu'il présente pour fortifier les enfants sans aucun danger, même depuis l'âge de sept ans, il offre encore, pour ainsi dire, à tous les membres d'une famille des divertissements de plus d'un genre. L'instrument dont il est ici question est formé d'un bâton de frêne bien sec ; il a trois pieds de longueur sur un pouce et demi de diamètre ; chacun des bouts est fixé à une corde dont la longueur doit être proportionnée à la hauteur de l'appartement dans le centre duquel il est placé. Le crochet qui le supporte est de fer (1); il doit être solidement fixé dans l'une des poutres du plafond. Le double tourniquet auquel la corde est fixée empêche les cordes de s'entortiller, quelque mouvement que l'on fasse avec le triangle (*pl.* 6, *fig. c*).

---

(1) Lorsqu'on se propose de fixer le triangle dans un des appartements que l'on occupe habituellement, on peut faire dorer le crochet et le placer dans le milieu d'une rosace en cuivre doré, ce qui ressemble parfaitement à un crochet de lustre. C'est ainsi que nous avons fait établir tous ceux que nous employions à Londres. Ils sont presque tous fixés dans la salle à manger, parce qu'en Angleterre c'est ordinairement la pièce la plus vaste.

1ᵉʳ EXERCICE.

Fléchir.

Fixé au triangle, qui doit se trouver à la hauteur du front, on y pose les deux mains, les ongles en-dessus et en face des épaules, que l'on doit toujours maintenir dans un parfait aplomb, malgré tous les mouvements que font les jambes dans différentes directions. La tête est un peu renversée en arrière, suffisamment pour que le bâton se trouve justement à la hauteur des yeux. Les talons sont sur une même ligne, la pointe des pieds un peu écartée (*voyez* fig. 26, pl. 5, *abc*; *a*, la première position, *b*, le piaffer, *c*, le pas croisé). Dans cette position, le premier mouvement consiste à mouvoir les genoux en avant, à temps égaux, en levant les talons aussi haut que possible, sans néanmoins quitter la terre avec la pointe, ni déranger en aucune manière la position du corps ni celle des bras. Toutes ces parties doivent être immobiles, tandis que les pieds exécutent leurs mouvements Les exercices que nous appelons *piaffer au pas, au trot, au galop, courir en place, en avant, en arrière, replier en arrière, replier en avant, le pas croisé simple en avant et en arrière, le même exercice, mouvement alternatif en sautant, balancer en avant, le pas de côté, le saut double,* peuvent s'exécuter au triangle, en observant les mêmes règles. Nous entendons les dix premiers exercices des extrémités inférieures.

2ᵉ EXERCICE.

Plier sur la partie droite.

Dans cet exercice, le corps devant être soutenu pendant un instant presque par la force des bras seulement, il est essentiel de le faire doucement et avec beaucoup de précision.

Pendant tout l'exercice, l'instructeur doit diriger le bâton du triangle, c'est-à-dire, en le tenant en arrière et presque immobile, obliger pour ainsi dire le poids du corps de l'élève à conserver un parfait aplomb sur la partie droite. Dans les premières leçons, l'instructeur ne doit pas permettre de toucher du genou aux élèves d'une constitution faible. Les personnes délicates doivent souvent s'exercer à piaffer, les mains fixées au triangle, ainsi qu'il a été indiqué plus haut.

Position que l'on doit prendre avant de plier. Le pied droit et la main droite en avant, les ongles en dessus, ainsi que le représente la main gauche de la *fig.* 31, le bâton à hauteur de la poitrine, le corps en arrière. La *fig.* 27, *pl.* 5, met sous les yeux la position à laquelle on doit arriver doucement pour ne s'y maintenir qu'un instant. Dans le commencement, l'instructeur, en poussant doucement le triangle en arrière, aide l'élève à se relever.

3° EXERCICE.

Plier sur la partie gauche.

Cet exercice se fait de la même manière que le précédent. Ici la main gauche est en avant, les ongles en dessus ou en face, la paume de la main tournée vers la figure. Cette position de la main présente le moyen de résister à une beaucoup plus grande action, que celle de la main droite les ongles en dessous, par la raison qu'un plus grand nombre de muscles sont mis en mouvement. Dans l'exercice dont il est ici question, il est nécessaire d'observer que l'on a pour but principal de procurer à la colonne vertébrale une douce ondulation en avant, en arrière et des deux côtés, tandis que les muscles qui l'avoisinent ont une action plus ou moins forte, selon la direction dans laquelle l'instructeur meut le bâton du triangle. Pour ceux qui connaissent l'action mécanique des muscles, il est aisé de concevoir combien on peut facilement, au moyen du triangle, rétablir la vigueur dans les parties affaiblies et augmenter la force en général, même chez les individus d'une grande débilité.

4ᵉ EXERCICE.
Plier sur les deux pieds.

Placé ainsi qu'il a été indiqué au premier exercice, excepté néanmoins que le triangle doit être à la hauteur de la poitrine, lorsque l'on est immédiatement dessous le crochet auquel il est fixé. Dans cette position, on fléchit doucement les extrémités inférieures, comme si l'on voulait s'asseoir sur les talons, ayant soin de lever ces derniers en portant les genoux en avant ; et, sans bouger la pointe des pieds, on se place ainsi qu'il est représenté *pl.* 5, *fig.* 28. Pour se relever de cette position, on porte tout le poids du corps en arrière, pour ainsi dire sur la pointe des pieds, et l'on revient, sans se donner aucun élan, à la première position. C'est ici particulièrement que l'instructeur doit aider l'élève d'une manière adroite, en poussant le triangle sans qu'elle s'en doute, et diminuer son assistance en proportion des progrès qu'il aperçoit.

5ᵉ EXERCICE.
Replier en avant et en arrière avec élan.

Assis à terre, ainsi qu'il est représenté *pl.* 4, *fig.* 18, ayant les mains fixées au triangle, les ongles en dessous, on s'enlève par la force des bras, et, en portant le corps en avant, sans bouger les pieds de place, on prend la position *pl.* 5, *fig.* 28. De là, en se donnant un petit élan en arrière, on revient à la première position. Quand on fait bien cet exercice, les talons et la pointe des pieds viennent toujours toucher au même endroit, et les pieds ne posent à plat qu'un instant, c'est-à-dire tandis que le corps se meut d'arrière en avant ou dans un sens inverse. Les premières fois que l'élève fera cet exercice, l'instructeur doit veiller à ce qu'elle ne tombe pas trop sur les genoux en avant. Dans la suite on le fait faire alternativement, presque sans interruption, et à temps égaux.

6° EXERCICE.

L'élan en avant.

Fixé au bâton du triangle, ainsi qu'il est représenté pl. 5, fig. 29, on engage l'élève, en supportant tout le poids du corps par la force des bras, à s'élancer en avant, sans toucher la terre avec les pieds, en lui faisant observer de replier les genoux vers la figure, dans le moment où elle s'élance, et de ne les placer à terre que lorsque l'élan a cessé, sans néanmoins lâcher les mains; car le corps, étant abandonné à son propre poids, tomberait immanquablement en arrière, s'il ne rencontrait aucun appui. C'est dans le moment où l'élève s'élance et où elle va poser à terre, qu'elle a le plus besoin du secours de l'instructeur, qui doit la suivre dans tous ses mouvements, et même lui tenir les mains, plutôt pour lui inspirer de la confiance que pour l'aider. Cependant il doit diriger le bâton du triangle de manière à présenter au corps un appui ferme sur les deux pieds en même temps, lorsqu'il commence à s'affaisser, et que l'action des bras devient plus faible par suite de la position gênante dans laquelle on se trouve; car le corps, après avoir parcouru la ligne que l'élan lui a fait décrire, commence à faire le mouvement rétrograde; c'est en cet instant même que l'on doit arrêter l'élan, avant que tout le poids du corps porte sur les bras, et faire prendre à l'élève la position représentée *fig*. 30. Il faut être prêt à lui soutenir les reins, si cela est nécessaire.

7ᵉ EXERCICE.

L'élan en arrière.

Placé dans la position représentée *pl.* 5, *fig*. 30, on plie doucement les genoux, et, à la suite d'un élan que l'on communique au corps en le renversant en arrière et en poussant fortement le sol avec les pieds, on essaie d'arriver à la première position (*fig*. 29), sans toucher la terre pendant le trajet.

Comme cet exercice est beaucoup plus difficile que le précédent, l'instructeur doit aider son élève en plaçant ses deux mains sur les siennes, et diriger le bâton du triangle de manière à la faire tomber d'aplomb sur les deux pieds en même temps. Il peut aussi à volonté étendre ou diminuer (selon la force des élèves) la ligne qu'elles décrivent. En faisant cet exercice, il doit surtout rendre la chute aussi douce que possible, en soulevant le corps de l'élève lorsque la pointe des pieds commence à toucher terre.

8ᵉ EXERCICE.

L'élan alternatif en avant et en arrière.

Ce n'est qu'après avoir bien fait les deux exercices précédents, que l'on peut entreprendre celui-ci, qui n'en est que la répétition, ou, pour mieux dire, les deux élans faits alternativement et à temps égaux, sans l'assistance de l'instructeur, qui doit cependant se trouver au but où l'élève arrive à la fin de chaque élan.

Pour bien exécuter cet exercice, il est essentiel en prenant son élan en avant (c'est toujours par là que l'on doit commencer), de porter les pieds en arrière aussi loin que possible (voyez *fig.* 30, *pl.* 5). Ici le poids du corps repose uniquement sur la pointe des deux pieds, que l'on doit tenir bien joints. En arrivant au bout opposé, en observant la position inverse, on doit poser sur les deux pieds en même temps, et porter fortement en avant les genoux et la ceinture. Le repliement des genoux, l'impulsion communiquée par les pieds et le mouvement d'ascension que la force des bras imprime au corps, produisent l'élan dans un sens opposé, c'est-à-dire en arrière. L'instructeur suit, et doit se trouver au but pour recevoir son élève.

Il serait fort difficile et même superflu, à plusieurs égards, de prescrire ici toutes les précautions que l'on doit prendre pendant ces exercices, car il est impossible de prévoir tous les cas ; mais nous croyons avoir suffisamment fermé toutes les issues par où les accidents arrivent : tous ces exercices se suivent, ils sont tous motivés. En observant avec scrupule la marche progressive que nous indiquons, nous sommes persuadé que tous ceux qui voudront agir d'après les mêmes principes obtiendront toujours d'heureux résultats, sans courir aucun danger.

9ᵉ Exercice.

Balancer sans élan.

Ici, au lieu de poser à terre aux deux points, en avant et en arrière, comme nous l'avons fait précédemment, une fois le premier élan donné, en supportant le poids du corps par la force des bras, et, repliant les jambes, on l'abandonne, pour ainsi dire, au mouvement de balancier communiqué par le premier élan. En plaçant ses mains sur celles de l'élève, l'instructeur pourra aider celles qui craindraient de faire cet exercice seules, et; lorsqu'enfin ces élèves d'un caractère timide se décident à l'essayer sans son assistance, il doit surtout veiller à ce que le bâton du triangle ne tourne pas.

10° Exercice.

Balancer avec élan. — Mouvement continué.

En considérant la colonne vertébrale comme la base de la charpente osseuse, et, par conséquent, le centre de tous les mouvements corporels un peu considérables, nous avons senti, dès l'origine de notre système, que, dans l'éducation physique actuelle des jeunes filles de parents aisés, il était essentiel de diriger plus particulièrement nos soins vers cette partie. Aussi est-ce afin de lui donner de puissants auxiliaires, avant de l'exposer à de grandes actions, que nous nous sommes appliqué d'une manière particulière à fortifier, par des exercices élémentaires, les muscles qui l'avoisinent. Dans l'exercice qui nous occupe maintenant, cette partie commence à exécuter des mouvements beaucoup plus énergiques qu'elle ne faisait dans les exercices précédents. C'est surtout vers le centre de la région dorsale que la plus grande action se fait sentir dans le *balancer* avec élan, car la traction des bras, dans le moment où les pieds sont lancés en arrière ou en avant, et le balancement des extrémités inférieures met en action tous les muscles du dos, des lombes, et quelques-uns du thorax, ils produisent aussi un mouvement ondulatoire très prononcé dans toute la colonne vertébrale.

Dans le mouvement continué, l'on peut se donner le premier élan de deux manières différentes. La première consiste à courir en avant jusqu'à ce que la traction des bras, qui sont fixés au triangle, force pour ainsi dire les pieds à quitter le sol. Alors, en lançant les extrémités inférieures fortement en avant, on communique au corps le premier mouvement dans ce sens, et ensuite, dès que les pieds commencent à faire un mouvement rétrograde, on les lance fortement en arrière, afin de communiquer au corps une forte impulsion dans un sens opposé. On continue de balancer ainsi sans toucher à terre, en observant toujours les mêmes règles, c'est-à-dire, porter les pieds en arrière lorsque l'on est parvenu au bout de la ligne que l'on décrit en avant, et faire le mouvement contraire quand l'on a atteint l'extrémité de la ligne que l'on décrit en arrière. La seconde manière de se donner un élan consiste à courir en arrière et sauter aussi haut que possible dans cette direction, dès que les bras sont tendus et les pieds forcés de quitter la terre.

11ᵉ EXERCICE.

Course volante, aussi à deux.

De tous les exercices que l'on fait au moyen du triangle, aucun ne plaît davantage aux élèves que celui-ci, et, quoiqu'il soit très fatigant, néanmoins dès qu'elles le font avec facilité, on est presque obligé, surtout dans les commencements, de les empêcher de s'y livrer trop long-temps, sans qu'il y ait cependant d'autre inconvénient à craindre qu'un peu plus de fatigue que dans les autres exercices.

Placé ainsi que le représente la *fig.* 31, *pl.* 5, en se tenant fortement au triangle avec les deux mains, la droite les ongles en dessous et la gauche les ongles en dessus ou en face, on décrit un cercle en courant par bonds, les pieds rasant la terre autant que possible, celui qui se trouve dans l'intérieur du cercle croisant en avant et au-dessus de l'autre. Dans la *fig.* 31, *pl.* 5, c'est le droit qui croise. Afin d'éloigner le corps de l'intérieur du cercle que l'on décrit, et même pour l'empêcher de tourner, il faut agir avec le pied qui croise beaucoup plus fortement qu'avec l'autre, et ne jamais tendre le bras qui est à l'extérieur, car, pendant la course, c'est pour ainsi dire celui-ci qui porte tout le poids du corps. Ainsi, lorsque l'on fait la course volante comme il est indiqué plus haut (*fig.* 51, *pl.* 5), c'est le pied droit et le bras gauche qui agissent le plus puissamment.

Dans les commencements, l'instructeur étant placé dans le centre, c'est-à-dire immédiatement sous le crochet auquel le triangle est fixé, ne fera faire à son élève que deux ou trois tours, tantôt à gauche et tantôt à droite, ayant soin de placer sa main droite sur celle de l'élève, et, posant la gauche sur le bout du bâton, il le dririge en le poussant à l'extérieur et en suivant l'élève. Dès que l'on s'aperçoit que les élèves ont acquis assez de force et d'adresse pour pouvoir faire cet exercice seules, on essaie de guider le triangle et de tenir la main de l'élève ; mais on doit néanmoins rester encore dans le centre pendant quelques leçons, afin de pouvoir suivre tous les mouvements et d'aider au cas de besoin celles qui tourneraient malgré elles. Dans la suite, lorsqu'on est persuadé que les élèves tiennent solidement avec les mains, on peut essayer (en haussant le triangle à la hauteur qu'elles peuvent atteindre sans sauter) de les fixer par les mains, les ongles en dessous, à l'un des bouts du bâton, et l'instructeur, en plaçant ses mains pour aider l'élève, ainsi qu'il a été indiqué plus haut, doit communiquer à l'instrument un mouvement d'impulsion hors du centre, dont l'étendue et la rapidité doivent être proportionnées à la force de l'élève. Pendant cet exercice, les pieds ne touchent plus la terre, tout le poids du corps est supporté par les bras, qui doivent tenir la poitrine au niveau du bâton aussi long-temps que possible et on ne doit les étendre que graduellement, lorsqu'on ne peut plus se maintenir dans cette position. Les cuisses et les jambes, qui doivent être relevées vers la poitrine au commencement de l'exercice, doivent aussi s'étendre graduellement, afin que les pieds soient prêts à recevoir le poids du corps quand on lâche les mains.

12° Exercice.

Balancer.

L'élève, assise sur le milieu du bâton, les mains fixées à chacune des cordes, à hauteur des épaules, on essaie de communiquer au triangle un mouvement de balancer d'arrière en avant, en tirant fortement à soi les cordes avec les mains; on appuie en même temps sur le bâton en portant les jambes en avant pour aller dans cette direction, et, dès que le triangle retourne vers le centre, on doit saisir ce moment pour lui communiquer un mouvement d'impulsion en arrière, en portant avec force les deux jambes à la fois d'avant en arrière, à peu près de la même manière que cela a lieu avec l'escarpolette ordinaire, excepté néanmoins qu'il faut observer ici que le triangle étant fixé à un double tourniquet, il est essentiel de conserver la position sur le milieu, et d'agir également avec les deux pieds et les deux mains en même temps; car, pour peu que l'on agisse davantage d'un côté que de l'autre, le triangle tourne aussitôt du côté où l'on emploie le plus de force. Par conséquent, si, pendant le mouvement de balancier régulier d'arrière en avant, l'on s'aperçoit que le triangle tourne à droite plutôt qu'à gauche, dès que l'on sent que l'instrument se porte en arrière, il faut aussitôt appuyer, en l'allongeant autant que possible, la jambe gauche sur le bâton; et, en même temps, tirer à soi la corde du même côté.

Comme il est impossible d'indiquer ici justement le degré

de force que l'on doit employer pour maintenir le triangle dans un mouvement de balancier régulier, ou pour le diriger dans le sens que l'on veut, il nous suffira d'observer qu'il est indispensable que les élèves puissent bien le conduire en balançant selon leur volonté, ou dans la direction que leur indique l'instructeur, avant que ce dernier leur permette de se livrer à cet exercice pendant son absence.

En observant ces exercices avec attention, un physiologiste éclairé remarquera aisément que, dans presque toutes les actions que nous venons de décrire, les extrémités supérieures supportent en grande partie tout le poids du corps. Tandis que les bras sont fixés au triangle, on peut sans inconvénient faire exécuter ces exercices aux jeunes personnes mêmes dont la poitrine est délicate. Et, afin de se persuader que notre méthode a éprouvé les modifications importantes qu'exigeait un sujet si intéressant, nous l'engageons à comparer la quatrième édition de notre *Gymnastique athlétique* (1), avec l'ouvrage que nous publions aujourd'hui sur l'éducation physique des jeunes filles.

Moyennant une ceinture faite exprès, que l'on fixe au bâton du triangle, et sur laquelle l'élève est placée, nous enseignons aussi les mouvements élémentaires de la natation : c'est-à-dire, premièrement le mouvement des jambes, ensuite le mouvement des bras, et enfin le mouvement coïncident des jambes et des bras, ce en quoi consiste l'action de nager. Plusieurs des jeunes personnes auxquelles, par l'ordonnance des médecins, nous avons fait exécuter ces exercices de préférence, ont appris à nager seules en prenant des bains d'eau froide. Si l'on considère, dit le docteur

---

(1) Voyez *Gymnastique élémentaire*, par Clias, Paris, 1819.

Pravaz (1), le déploiement de force et la succession de mouvements qu'exige l'action de nager, on concevra sans peine comment l'habitude de s'y livrer peut accroître l'énergie musculaire, affermir ou rétablir la régularité des formes. Observons en outre que, dans cette action, les extenseurs de la région cervicale et de la partie supérieure du rachis, se contractant pour maintenir la tête élevée au-dessus de l'eau, acquièrent par cet exercice un surcroît d'énergie. D'une autre part, la facilité avec laquelle on se maintient à la surface de l'eau étant relative au développement de la poitrine, le nageur fait de grandes et de longues aspirations pour augmenter sa capacité, et diminuer ainsi sa pesanteur spécifique. Leurs répétitions, en fortifiant les muscles intercostaux, relèvent les côtes affaissées et tendent à remédier directement à l'une des suites les plus fâcheuses des déviations de l'épine.

On voit donc que, sans calcul, sans aucune sorte d'attention, le nageur est invité à déployer précisément le système de force le plus propre à combattre les causes de la difformité dont il peut être affecté. Faut-il s'étonner, après ces considérations dont la justesse ne sera point contestée, que la natation, conseillée par des praticiens qui savaient en apprécier les avantages, ait obtenu des succès que les orthopédistes modernes attendent vainement de leurs machines.

---

(1) *Méthode nouvelle pour le traitement des déviations de la colonne vertébrale.*

CHAPITRE IV.

ÉLÉMENTS DE VOLTIGE.

Sous la dénomination de voltige, on comprend tous les sauts que l'on fait en posant les mains sur des objets mobiles ou immobiles que l'on veut franchir, ou desquels l'on veut s'éloigner. La position des mains sert, en partie, à rendre le saut plus facile, à diriger le corps et à amortir la chute, en cas de besoin. Sous tous les rapports, l'on peut considérer la voltige élémentaire comme une partie essentielle de la somasćtique, même pour les femmes ; car, nonobstant les moyens incalculables qu'elle présente dans beaucoup de circonstances pour éviter des chutes dangereuses, elle offre encore la faculté, dans les occasions périlleuses, de franchir beaucoup d'obstacles avec aisance et sûreté.

De tous les exercices compliqués, la voltige contribue le plus puissamment à fortifier toutes les parties du corps, pour ainsi dire en même temps. Les secousses vives et réitérées que l'on éprouve dans les différentes évolutions, le jeu alternatif tantôt des unes, tantôt des autres parties du corps, augmente d'une manière très visible la force et l'agilité. La voltige présente une série d'exercices fort amusants pour les élèves et surtout très encourageants parce que même les plus maladroites y font des progrès rapides quand elles sont bien dirigées. Employé pour introduire notre méthode dans un grand nombre d'établissements publics, ainsi que dans plusieurs familles, où les moyens pécuniaires, et souvent aussi les localités, ne permettaient que très peu de dépense, au lieu du mât de voltige, nous avons employé un chevalet de deux pieds et demi de hauteur.

La partie supérieure sur laquelle on pose les mains, est une pièce de sapin ronde, de cinq pouces de diamètre ; les supports ont deux pieds d'écartement. Nous n'indiquons ici que les exercices les plus simples ; quant à ce qui concerne la voltige sur le cheval de bois, et celle que l'on fait sur le cheval vivant, voyez *Gymnastique élémentaire,* par Clias, Paris, 1819.

1er EXERCICE.

La parallèle.

L'élève placée près du chevalet (qui doit être pour la première fois placé à la hauteur des hanches de celle qui s'exerce), pose ses mains dessus, et s'élève sur les poignets, jusqu'à ce que le milieu de la cuisse se trouve à la hauteur des poignets, le haut du corps droit ; elle tend la jambe aussi haut que possible dans la même ligne que la partie supérieure du chevalet.

Elle reste un instant dans cette position, laisse tomber cette jambe, fait le même exercice avec l'autre, et, après avoir répété plusieurs fois ce mouvement, tantôt avec l'une, tantôt avec l'autre jambe, elle revient à terre.

2e EXERCICE.

Se placer à cheval.

Placé en équilibre sur les poignets, en portant tout le poids du corps sur la main gauche, on passe la jambe droite tendue au-dessus du chevalet, on se redresse, on lâche les mains qui doivent pendre le long des cuisses et on reste là,

Pour descendre, en penchant le corps un peu en avant, on s'enlève sur les deux mains, on porte la jambe tendue au-dessus du chevalet, on l'assemble vers l'autre et on tombe à terre. En descendant, c'est encore la main gauche qui soutient en partie le poids du corps.

3° EXERCICE.

Équilibre sur les poignets.

Aussitôt que les élèves font avec facilité l'exercice précédent, on en fait placer plusieurs à cheval sur le chevalet ou sur un banc. Au commandement *enlevez*, toutes s'enlèvent sur les poignets, les genoux retroussés autant que possible, et restent ainsi en équilibre jusqu'au commandement *repos*. Alors elles tombent doucement à cheval sur le chevalet.

4° EXERCICE.

Équilibre, debout.

En équilibre sur les poignets, pour se placer debout sur le banc, depuis cette position on porte le haut du corps en avant, on retrousse les jambes en arrière jusqu'à ce que les pieds puissent avec facilité venir se placer sur le chevalet, le talon du pied droit devant la cheville du pied gauche; on se donne un petit élan en arrière avec les mains qu'on lâche aussitôt, et on se redresse en tendant les bras horizontalement de chaque côté du corps, les poignets fermés, et on reste là. Pour revenir à la première position, en pliant les extrémités inférieures, on pose les mains sur le banc, on reprend l'équilibre sur les poignets, on lâche les jambes et on tombe légèrement assis. Debout sur le banc, on peut aussi exécuter plusieurs équilibres, tantôt en tendant une jambe en avant, et tantôt en la tendant en arrière.

5ᵉ EXERCICE.
Toucher dessous.

La partie horizontale placée à la hauteur de la hanche de celle qui s'exerce, l'élève pose ses deux mains dessus, les ongles en avant, par l'élan des pieds et une forte traction des mains s'enlève sur les poignets, et, en retroussant les genoux vers le menton, essaie de toucher avec le dessus des pieds la partie inférieure du chevalet.

6ᵉ EXERCICE.
Toucher double dessus.

Dès qu'on fait l'exercice précédent avec facilité, on essaie, à la suite de l'élan, au lieu de toucher en dessous, de placer dessus les deux pieds en même temps et à plat, à l'endroit que la main droite occupait, et qu'elle est obligée de quitter pour faire place aux pieds. On répète le cinquième et le sixième exercice, des deux côtés, jusqu'à ce que les élèves les fassent avec beaucoup de facilité ; car il est impossible d'exécuter le saut de voltige avec aisance et sûreté sans savoir bien faire ces deux-ci.

7ᵉ EXERCICE.
Franchir en deux temps.

Placé en équilibre sur les poignets comme au premier exercice, à la suite d'un petit élan qu'on se communique en baissant un peu le corps le long du chevalet, en retroussant fortement les genoux, on lance les deux pieds joints dans la direction de la main droite (la gauche dirige et éloigne le corps), et on tombe légèrement à terre sur la pointe des deux pieds, les genoux en avant, et les mains prêtes à parer la chute; on fait le même exercice à gauche. Dans ce cas-ci, c'est la main gauche qui fait place aux pieds, et la droite qui dirige et éloigne le corps de l'objet au-dessus duquel on vient de franchir.

8° EXERCICE.

Franchir sans élan, en un temps.

Dès que l'on peut sans hésiter sauter en deux temps avec précision, l'on peut essayer, le chevalet élevé au niveau du creux de l'estomac, de franchir dans un seul temps.

Pour sauter sans élan, il faut poser à plat, les ongles en avant, les mains sur l'objet qu'on veut franchir, plier les hanches et les genoux, et, à la suite de l'élan avec les pieds, on se tire à l'aide des bras au-dessus de l'objet, ayant soin, au passage, de bien retrousser les genoux vers la figure, et d'étendre les pieds en avant en tombant.

CHAPITRE V.

NATATION.

>Le premier savoir est celui de notre conservation.
>**BÉRANGER.**

DE tous les exercices qui font partie de l'éducation physique, la natation est sans contredit l'un des plus utiles. Pratiqué comme il doit l'être, il contribue le plus puissamment au développement du corps, à l'entretien, à l'accroissement des forces, et à la conservation de la santé. Si l'on considère cet exercice sous le rapport de la propreté, il réunit tous les avantages des bains froids, si souvent recommandés comme le remède le plus efficace pour fortifier et endurcir le corps (1); si on l'envisage comme moyen conservateur, il faut avouer que, de tous nos exercices, il n'y en a aucun qui donne à l'homme plus de confiance, plus de courage dans les circonstances périlleuses. Ajoutez à tous ces avantages la douce satisfaction qu'éprouve un bon nageur en arrachant à une mort certaine un de ses semblables, et même quelquefois une personne chérie. Les différentes situations dans lesquelles se trouve le corps en nageant, mettent en jeu tous

---

(1) Il n'est peut-être pas de sujet, quelque débile qu'il soit, auquel le bain froid ne puisse être avantageux, en supposant que toutes les précautions ont été prises. Ce qu'il y a surtout d'important, c'est de graduer la durée de l'immersion d'après la force du sujet. (HALLÉ, *Dictionnaire des Sciences médicales*, art. *Bain.*)

les muscles des extrémités supérieures et inférieures à la fois, particulièrement ceux des bras et de la poitrine. Quoique souvent violente quand on nage vite, l'action des poumons est très salutaire à l'accroissement de la poitrine. Je doute même qu'il existe un plus sûr moyen de faire prendre à cette partie du corps cette forme bombée que nous admirons dans les statues des anciens (1).

Nul doute que les femmes ont aussi un droit incontestable à prendre part à l'enseignement d'une chose aussi salutaire, et de la plus grande utilité; et, certes, nous ne voyons pas pourquoi on n'habituerait pas les jeunes filles aussi-bien que les garçons à tous les exercices qui peuvent leur être utiles, en prenant toutefois les précautions qu'exige leur constitution. Indépendamment des avantages qui peuvent résulter pour elles de l'instruction élémentaire de la natation, envisagée comme exercice et comme moyen conservateur, tous les mouvements que l'on exécute pendant cette instruction peuvent aussi être considérés comme le moyen le plus sûr pour prévenir, chez celles d'une constitution délicate, les déviations de la colonne vertébrale produites par l'action irrégu-

---

(1) **Les peuples de l'antiquité faisaient grand cas de la natation.** Caton enseignait lui-même à son fils à traverser les rivières les plus rapides, les torrents les plus impétueux. L'empereur Auguste enseignait aussi à nager à son neveu. C'est à la tête de ses légions que Jules César traversait les fleuves à la nage. Charlemagne était un des meilleurs nageurs de son temps. Louis XI nageait souvent dans la Seine avec ses courtisans. Un proverbe vulgaire, dit Barbier (*Dict. des Sciences médicales*, art. *Natation*), a consacré l'importance que les Grecs et les Romains attachaient à la natation. Ils avaient l'habitude de dire d'un homme ignorant : « Il ne sait ni lire ni nager. » Chez les Francs, la natation faisait une partie essentielle de l'éducation physique, et c'était par l'épithète de nageurs que Sidonius Apollinaris les distinguait des autres Barbares. *Plutarque. Suétone.*

lière des muscles. « Dans l'acte de la natation, dit Barbier (1),
» les membres opèrent des contractions et des mouvements
» alternatifs qui se répètent d'une manière rapprochée. C'est
» en déployant sans cesse les bras et les jambes que l'homme
» parvient à soutenir son corps dans la région supérieure du
» liquide au milieu duquel il est plongé. Tous les muscles
» ont donc une grande activité dans l'individu qui nage, et
» leur action doit accélérer les mouvements du cœur et
» des artères, doit augmenter l'influence des nerfs sur tout
» le système vivant. »

Exécutés en l'air, ces mouvements sont beaucoup plus fatigants que si on les fait dans l'eau ; et ceux que nous venons d'indiquer ont encore l'avantage que l'on peut s'y livrer dans toutes les saisons. Un local très borné suffit pour placer une ceinture ou un pliant.

Tous les nageurs étant convaincus que ce n'est que la position du corps et la justesse de ses mouvements qui leur donne la facilité de nager long-temps et sans beaucoup se fatiguer, il est évident que l'on peut enseigner les principes de la natation à sec, et sans avoir recours dans l'eau à plusieurs instruments qui augmentent les difficultés.

L'été étant très court dans les contrées du nord, et quelquefois même dans les pays tempérés, on n'a pas, comme dans les climats chauds, la facilité de se baigner tous les jours et à toute heure; ajoutez à cela que, dans les pays voisins des montagnes, malgré leur limpidité, les rivières sont souvent froides, ce qui empêche de rester long-temps dans l'eau quand on ne sait pas nager. Pour apprendre à nager à tous ceux qui le désirent, il a donc fallu, autant que possible, hâter par tous

---

(1) *Dictionnaire des Sciences médicales*, art. *Natation*.

les moyens qui sont à notre portée les développements élémentaires. Voici en partie les raisons qui nous ont engagé à adopter un système nouveau pour enseigner la natation (1). L'expérience que nous avons faite depuis vingt ans, sur un grand nombre de sujets, nous a prouvé que cette manière était bonne, et présentait de très grands avantages aux habitants des contrées du nord, et même à ceux des pays tempérés.

Pendant les exercices élémentaires, les élèves ayant déjà appris à exécuter avec régularité le mouvement de natation des bras et celui des jambes d'une manière alternative, pour les habituer aux mouvements coïncidents des pieds et des mains, dans l'instruction privée, on se sert d'un pliant ou d'une ceinture fixée au plafond, ou au bâton du triangle; et placées sur l'un de ces instruments, on leur fait exécuter avec régularité tous les mouvements du nager à la brasse. Dans les écoles de natation, c'est une ceinture fixée à deux poteaux qui sert pour cette leçon. Quant aux précautions, j'engage les instructeurs à ne pas brusquer leurs élèves, et surtout à ne jamais les forcer à sauter dans l'eau avant de savoir bien nager. On ne doit pas se baigner immédiatement après dîner, ni entrer dans l'eau quand on transpire encore. On devrait même à la suite d'exercices violents ne point se baigner, mais seulement se plonger plusieurs fois, et se laver en frottant les jointures avec force. L'expérience à prouvé que cette friction avant de

---

(1) Ce système, dont nous avons fait l'application pour la première fois en 1807 à Heerenveen en Frise, en 1809 à Oldenbourg, et dans la suite en Suisse, a été introduit depuis long-temps avec beaucoup de succès dans l'armée prussienne par le brave et infatigable colonel Pfulle, et depuis quelques années dans plusieurs grandes villes de l'Europe.

nager était le moyen le plus sûr de se préserver de la crampe, et même des étourdissements auxquels le meilleur nageur ne résiste pas, pour peu qu'ils durent. La friction après le bain, en faisant circuler le sang, le distribue dans toutes les parties du corps, qui s'engourdissent facilement dans l'eau froide.

Pour peu qu'on se frotte avec force, elle a encore l'avantage de répandre en nous une chaleur agréable, qui met tout l'individu dans un état de bien-être indicible. Outre ces avantages, en frottant souvent les jointures avec un peu de vigueur, les muscles et les articulations acquièrent beaucoup de force et d'élasticité, et l'on n'éprouve plus cette anxiété inséparable du premier saisissement que fait éprouver la fraîcheur de l'eau.

Les progrès qu'on peut faire dans la natation dépendant davantage des précautions que l'on prend et de la marche progressive que l'on observe, plutôt que des dangers auxquels on s'expose, il est évident que l'on peut très bien apprendre à nager dans un local peu spacieux; mais il faut pour cela avoir bien fait tous les exercices élémentaires, avant de se hasarder dans un courant rapide ou dans un lac profond. Afin de rassurer les personnes qui ont de la répugnance pour cet exercice, et qui, dans la crainte de rencontrer trop de difficultés, même des dangers, n'osent pas s'y livrer ou le permettre à leurs enfants, nous pouvons leur protester qu'une longue expérience nous a prouvé que, de tous les exercices corporels dont nous nous occupons, il n'y a aucune branche de la somascétique dont l'apprentissage soit aussi facile que celui de la natation. Sans beaucoup de dispositions, même avec une faible constitution et des défauts corporels, on peut devenir bon nageur en peu de temps, si on se livre à cet exercice avec persévérance. Nous ajouterons que c'est une erreur de croire que des hommes faits ne peuvent plus apprendre à nager; depuis plus de vingt ans l'expérience nous a prouvé le contraire ; et le grand nombre de soldats et de citoyens que l'on instruit annuellement dans les divers établissements de l'Europe où cet art est apprécié, prouve clairement que tout le monde peut apprendre à nager, et devenir bon nageur même dans un âge déjà avancé, s'il suit ponctuellement et sans interruption la marche que nous indiquons. Nul doute que les jeunes gens n'apprennent avec plus de facilité que les adultes, et surmontent sans peine les plus grandes difficultés. C'est pourquoi nous recommandons de s'occuper de bonne heure de l'éducation physique en général, et particulièrement de la natation, parce que les mouvements que l'on est obligé de faire pour se soutenir sur l'eau ne sont pas naturels à l'homme, tandis que les quadrupèdes font dans cet élément, pour se soutenir et avancer, les mêmes mouvements que sur la terre. Les sauvages, ceux même qui habitent les bords de la mer, ne deviennent habiles nageurs qu'après des essais souvent répétés depuis l'enfance, et même une véritable étude qu'ils font de cet art.

Imitons-les ; enseignons de bonne heure aux enfants à nager, et nous pourrons espérer qu'ils atteindront dans cet exercice le même degré de perfection que les sauvages dont on cite des faits extraordinaires. On voit déjà, même dans plusieurs villes de l'Europe où les enfants se livrent de bonne heure à cet exercice, des nageurs distingués ; plusieurs ont rendu de grands services dans les dernières guerres, et en rendent encore souvent dans des ports de mer pendant les tempêtes (1).

---

(1) Les Caraïbes, dit Vancouver, adroits à tous les exercices du corps, le sont surtout à nager ; il semble qu'ils soient nés dans l'eau. Ils nagent comme des poissons. Les femmes s'en acquittent comme les hommes ; et lorsqu'une pirogue tourne, ce qui arrive assez souvent, parce qu'ils

LIEU CONVENABLE POUR UNE ÉCOLE DE NATATION. — APPAREILS POUR ENSEIGNER A NAGER D'APRÈS LE NOUVEAU SYSTÈME.

Lorsque, sur le bord de la mer, d'un lac ou d'une rivière, les localités le permettent, il faut choisir l'endroit le mieux abrité contre les vents froids, une eau claire, un fond égal, un courant peu rapide, et, si cela est possible, dans toute la longueur de la galerie, une profondeur au moins de huit pieds à haute marée pour la mer, et, pour les lacs et les ri-

---

forcent toujours de voiles, ils ne perdent absolument rien de leur bagage; on n'entend jamais dire qu'il s'en soit noyé quelqu'un. On voit, dans ces occasions, les enfants nager autour de leur mère comme de petits poissons; et les mères sont assez habiles pour se soutenir sur l'eau avec des enfants qu'elles ont à la mamelle, pendant que les hommes sont occupés à redresser le bâtiment et à vider l'eau dont il est rempli.

En 1699, une barque appartenant aux religieux de la Charité sombra entre Sainte-Lucie et la Martinique; tous ceux qui étaient dedans périrent, à l'exception d'un Caraïbe qui, sans être aidé d'aucune planche ou autre bois qui pût le soulager, se soutint sur l'eau pendant trente heures, supporta la faim, la soif et la violence de la tempête qui avait fait périr la barque, et aborda enfin au cul-de-sac marin où il apporta la nouvelle du naufrage. (*Voy. de Vancouver aux Ant*) Sans doute ce fait paraîtra surprenant, même incroyable aux personnes qui n'ont pas l'habitude de nager debout; qu'elles essaient dans une eau tempérée, et elles pourront bientôt se convaincre que, pour des individus chez qui la natation est devenue un mouvement naturel, il leur est aussi facile de nager que de marcher. Selon le rapport des voyageurs, les Sauvages qui habitent les bords de la mer nagent debout; et, ainsi que cela a lieu dans la marche, ils font coïncider le mouvement des membres opposés, avec le bras droit la jambe gauche, et avec la jambe droite le bras gauche.

Après en avoir fait l'essai, l'expérience nous a convaincu que cette manière de nager, qui paraît naturelle, selon l'analogie des mouvements mécaniques, est la position la plus favorable et très avantageuse, surtout pour traverser les brisants et nager long-temps dans une eau fortement agitée.

vières, la même profondeur, afin que, pendant la saison la plus sèche, l'on ait toujours assez d'eau pour nager. La forme et l'étendue d'une école de natation dépendent des localités, du nombre d'élèves que l'on a à enseigner, et surtout des moyens pécuniaires dont on peut disposer pour la construction d'un tel établissement. Sous tous les rapports, un bassin creusé sur le bord d'une rivière, alimenté et renouvelé par un canal qui le traverse, borné au nord par un péristyle, est ce qu'il y a de plus convenable pour y établir une école de natation, qui pourrait aussi être utilisée comme bain public, ainsi que cela se pratique à Berne, dans la première école de natation que nous avons établie en 1817.

A défaut d'un bassin, l'on peut prendre une nappe d'eau de 50 mètres de longueur, sur 13 mètres de largeur, la fermer avec des madriers, sur lesquels on peut établir la galerie. Une toile tendue sur des piquets, ou une vieille tente, peut servir d'abri pour se déshabiller.

Afin de prévenir les accidents, on peut placer de trois côtés, l'ouverture tournée à l'amont, depuis la surface jusque dans le fond de l'eau, une cloison en lattes ou un filet à grandes mailles, fait de ficelle un peu forte et goudronnée à chaud.

Dans une école de natation établie d'après ces principes, l'instructeur ayant toujours ses élèves sous la main ou en vue, peut non-seulement surveiller tous leurs mouvements, corriger toutes leurs fautes, mais il peut aussi prévenir tous les accidents qui arrivent ordinairement par le manque de surveillance.

Dès que les élèves font sur la ceinture fixée ou le pliant les mouvements coïncidents avec aisance et régularité, on peut leur donner la première leçon dans l'eau, et pour cela il faut, nous le répétons encore, être soi-même bon nageur (1). Pour donner la première leçon dans l'eau, on fixe autour du corps de l'élève la ceinture, on la place dans l'eau dans la position horizontale. On lui fait répéter avec exactitude les mouvements qu'on lui a enseignés sur le pliant, et, pour peu qu'elle ait de disposition et surtout un bon maître, à la huitième leçon dans l'eau, on peut déjà la laisser nager en liberté dans le bassin (2).

Je n'indique ici que les exercices élémentaires. Pour ce qui a rapport à un cours complet de natation, je renvoie à l'excellent ouvrage de M. Poissonnier, *Art de nager* (3), ceux qui désirent faire une étude particulière de cet art et qui sont privés d'un bon maître.

---

(1) Comment peut-on enseigner ce que l'on est incapable de démontrer? Pour inspirer de la confiance, il faut appuyer les préceptes par l'exemple.

(2) Comme ordinairement on tombe dans l'eau, ou que l'on est forcé d'y sauter sans avoir le temps de se déshabiller, il est très avantageux d'habituer les jeunes gens à nager vêtus d'un large pantalon et d'une veste. Dans ce costume, personne ne peut trouver à redire à ce qu'ils nagent partout et à toute heure, ce qui facilite beaucoup l'instruction de cette partie aussi essentielle de l'éducation physique.

(3) *Manuel du nageur*, Locard, quai des Augustins, n° 3.

TRAITEMENT

DES COURBURES SIMPLES

DE LA COLONNE VERTÉBRALE,

OCCASIONNÉES PAR UNE ACTION IRRÉGULIÈRE DES MUSCLES.

Étendu, dit Fournier (1), depuis l'occipital jusqu'au sacrum, le rachis, colonne épinière, est chez l'homme la partie la plus importante du squelette ; c'est lui qui détermine les proportions et la hauteur de la taille ; c'est à lui que viennent aboutir, en dernière analyse, tous les efforts musculaires ; il est, en un mot, la partie centrale, la clef de tout l'édifice. Ses déviations sont de la plus haute importance à bien connaître ; elles entraînent après elles les difformités les plus considérables : la situation des épaules, la forme du cou, l'étendue des cavités thoracique, abdominale et pelvienne sont modifiées par elles ; à leur occasion, les organes de la respiration, de la circulation et de la digestion sont altérés ; l'accouchement est souvent rendu impossible ; les mouvements des membres sont difficiles ou sont abolis ; il n'est enfin aucune partie du corps qui n'éprouve une atteinte plus ou moins considérable dans sa structure ou dans ses actions, à la suite des affections profondes de la colonne épinière.

La disposition régulière de cet axe peut être dérangée par un grand nombre de causes, et ce dérangement peut survo-

---

(1) *Dictionnaire des Sciences médicales*, art. *Orthopédie*.

nir, soit à la partie cervicale, soit à la partie dorsale, soit à la partie lombaire de la colonne.

On n'observe presque jamais de déviation bien prononcée se bornant à un seul point du rachis; le plus ordinairement la difformité résulte de la contorsion de l'épine en plusieurs endroits.

La raison de ce phénomène est facile à expliquer :

Supposons que, par le ramollissement des os par l'habitude de se tenir penché d'un seul côté, de se servir d'un bras exclusivement ou de toute autre cause, une courbure soit déterminée dans un point quelconque de l'étendue du rachis, dès lors l'équilibre est rompu, le poids des parties situées au-dessus de la déviation ne tombe plus entre les deux cavités cotyloïdiennes, et la chute serait imminente si les muscles ne détruisaient l'effet de cette première courbure en en déterminant une autre en sens opposé. L'action permanente des muscles est favorisée par la faiblesse et le peu de consistance des os, de telle sorte que la flexion, qui n'était d'abord qu'une attitude facile à corriger, devient insensiblement une conformation vicieuse qu'il est impossible de détruire quand on s'y prend trop tard.

Lorsque la déviation de la colonne vertébrale n'est pas le résultat de la faiblesse originelle de certains sujets, tous les bons médecins orthopédistes qui ont traité cette matière s'accordent à dire que c'est dans une série d'exercices corporels bien combinés et suivis avec persévérance, que l'on trouve ordinairement les moyens sûrs pour ramener les parties déformées à leur état naturel. Dans son *Précis physiologique sur les courbures de la colonne vertébrale* (1), le

---

(1) Paris, 1827.

docteur Lachaise dit : « Si la gymnastique, qui, dans le plus
» grand nombre des cas, doit former la base du traitement
» de cette difformité, quand elle commence surtout, n'a pas
» toujours produit l'effet avantageux qu'on est en droit d'en
» attendre, c'est qu'on ne l'a réellement, jusqu'ici, présen-
» tée que d'une manière tout-à-fait vague, et qu'on n'a point
» encore déterminé le genre particulier d'exercice qui con-
» vient à chaque déviation. »

Il était donc essentiel de coordonner un système progressif d'actions musculaires propre à procurer le développement général du corps, ou de l'une de ses parties séparément, selon que le cas l'exige.

Les moyens simples que nous offrons aujourd'hui au public, et dont l'application en Angleterre a procuré les plus heureux résultats, nous semblent remplir le but qu'on se propose. Ils sont à la portée de tout le monde ; ils n'ont pas, comme les machines des othopédistes spéculateurs, l'inconvénient d'affaiblir les parties dont le ressort peut seul assurer la guérison.

Nous espérons donc rendre service à ceux qui s'occupent de l'éducation physique des jeunes filles, en leur présentant, dans cet ouvrage, une exposition de moyens sûrs pour fortifier la constitution des jeunes filles, et une description des différents exercices propres à corriger, dans leur principe, plusieurs difformités de la colonne vertébrale, occasionnées par une action irrégulière des muscles.

Pour comprendre que le volume des membres augmente ou diminue, en raison des exercices que l'on fait, il suffit, lorsqu'on n'est pas ambidestre, d'observer sur soi-même la différence du volume qu'il y a entre le bras exercé, le droit, par exemple, et le gauche, entre les muscles de l'épaule droite et ceux de la gauche. Cet examen peut aisément faire comprendre à tout le monde que le plus grand nombre des déviations de la colonne épinière dépend de la faiblesse ou de la force relative de certains muscles, et qu'il faut prescrire les exercices propres à fortifier les uns en laissant leurs antagonistes dans l'inaction.

Il est aisé de comprendre que la classe de muscles qui est constamment mise en jeu se fortifie, tandis que ses congénères s'affaiblissent. Chacun peut aussi se convaincre que la contractilité musculaire ne peut être produite par aucun agent mécanique, qu'une compression des muscles un peu prolongée les paralyse, et qu'il n'y a absolument que des exercices corporels bien dirigés qui puissent promptement rétablir l'équilibre dans la plupart des cas où la difformité est occasionnée par une position vicieuse long-temps prolongée, ou par une action irrégulière des muscles.

1er EXERCICE.

Flexion de la tête en avant.

Lorsqu'un sujet n'est affecté que de cette attitude vicieuse, comme il ne s'agit que de fortifier ceux des muscles qui servent à porter la tête en arrière, en laissant leurs antagonistes en repos, la position que les élèves sont obligées d'observer, pendant les exercices élémentaires, sufût, lorsqu'elle est strictement observée, pour faire disparaître en peu de temps cette inclinaison irrégulière. L'on a dû s'apercevoir que, pendant nos exercices élémentaires, le développement égal des deux bras contribue puissamment à bien placer la tête et les épaules. Tandis que les membres agissent dans toutes sortes de directions, la tête maintenue, droite et élevée, se détache également des deux épaules ; les mouvements nombreux, variés et fréquemment répétés, pendant lesquels les omoplates sont souvent reportées en arrière, sont les moyens les plus sûrs, soit pour préserver, soit pour guérir en peu de temps cette difformité.

Si, cependant, une leçon de Callisthénie un peu prolongée ne suffisait pas pour faire reprendre à la tête son attitude naturelle, comme il ne s'agit ici que de donner aux muscles postérieurs de la tête la force qui leur manque, on pourrait avoir recours aux mouvements coïncidents de natation, l'élève couchée horizontalement sur le pliant. (Voy. *Natation*.) Tant que cet exercice dure, les muscles qui servent à porter la tête en arrière sont fortement contractés,

Pendant les exercices des extrémités inférieures, que l'on fait exécuter sans interruption, il faut que l'élève place les mains derrière la tête, les doigts entrelacés ; ensuite, il faut qu'elle tire à la poulie ; enfin, si tout cela n'avait pas produit l'effet désiré, il faut qu'elle porte le casque de Minerve (1) plusieurs heures par jour.

Pour l'exercice à la poulie, l'élève, coiffée d'un bonnet qui emboîte bien la partie postérieure de la tête, muni d'un anneau fixé à la partie qui couvre le front, est placée devant une poulie qu'on a établie au niveau de ses yeux ; on fait passer sur cette poulie une corde au bout de laquelle on fixe un poids de cinq livres, ordinairement un sachet rempli de sable ; le bout libre de la corde est fixé à l'anneau. Les choses ainsi disposées, on place l'élève à un pas de distance de la poulie, dans la position indiquée pour les exercices élémentaires, et sans déranger aucune autre partie du corps, c'est-à-dire en ne faisant agir que les muscles qui servent à reporter la tête en arrière, on lui fait enlever et baisser le sachet

---

(1) Voyez pl. 5, *fig.* 36.

par une traction lente, sans secousses et à temps égaux. Cet exercice, que l'on joint comme auxiliaire à la leçon de callisthénie, doit se répéter au moins trois fois par jour, et durer dix minutes chaque fois.

2ᵉ EXERCICE.

Renversement de la tête en arrière.

Cette difformité est moins fréquente que la première, et, lorsqu'elle n'affecte que des enfants, elle se guérit d'elle-même pendant nos exercices, surtout si l'on a soin, la nuit, de coucher l'élève sur un oreiller un peu dur et assez élevé. Si cela ne suffisait pas pour les jeunes gens qui ont déjà atteint leur entier développement, l'on pourrait avoir recours aux moyens que nous avons indiqués pour redresser la tête, en agissant ici en sens inverse. Au lieu d'être placé sur le front, l'anneau doit être fixé derrière la tête, et la traction se faire d'arrière en avant, l'élève le dos tournée à la poulie. On doit observer la même gradation que dans l'exercice précédent.

3ᵉ EXERCICE.

Flexion du cou sur l'une des épaules.

Lorsque cette difformité n'est occasionnée que par une inégalité d'action musculaire, si c'est un enfant qui en est affecté, il faut, par toute sorte de moyens, le forcer de faire agir, aussi souvent que possible, les muscles affaiblis, c'est-à-dire lui faire souvent pencher la tête du côté opposé à l'inclinaison. Si c'est un sujet auquel on peut déjà donner une leçon régulière de callisthénie, en lui faisant exécuter sans interruption les six premiers exercices des extrémités inférieures, on lui fera placer sur la tête la main du côté où celle-ci (la tête) penche habituellement, la gauche, par exemple, les doigts touchant le bord supérieur de l'oreille droite, et, pendant tout le temps que durent les exercices, la position du bras doit être invariable.

Pour une adolescente chez laquelle cette difformité, produite par la même cause, serait fortement prononcée, si ces moyens simples ne suffisaient pas, afin d'obtenir la guérison, il est alors indispensable d'employer alternativement l'exercice à la poulie ou au casque de Minerve, en tournant l'anneau du bonnet et le levier du casque du côté où la tête incline. Pendant les huit premiers jours, on n'augmentera ni le poids ni la durée de l'exercice, que l'on fera régulièrement trois fois par jour, le matin, à midi et le soir. Au bout de ce temps, l'on aura soin, chaque jour, d'augmenter d'une livre le poids du sachet à la poulie, et d'éloigner d'un degré celui que l'on met au levier du casque.

Afin que l'action des muscles que l'on veut fortifier soit bien assurée, il faut profiter du moment où l'élève porte le casque pour lui donner une leçon de callisthénie, ou lui faire faire une promenade qui dure le temps prescrit plus haut, toujours sous une surveillance immédiate, afin qu'elle soit obligée de conserver une bonne position.

Si l'application de ces moyens ne suffisait pas pour rendre aux muscles leur contractilité, ou qu'une rétraction spasmodique résistât à leur emploi, il faudrait avoir recours à un opérateur habile pour faire la section transversale opération facile et peu douloureuse.

4ᵉ Exercice.

Disposition à se voûter.

Cette disposition se rencontre le plus souvent chez les jeunes gens qui grandissent rapidement; elle est ordinairement produite par une position vicieuse long-temps prolongée. Cette mauvaise attitude, que l'on pourrait prévenir avec un peu d'attention, ou corriger en peu de temps en s'y prenant de bonne heure, devient dans la suite une difformité que l'on a de la peine à guérir radicalement chez les adultes. C'est surtout lorsqu'on a à traiter des sujets dont la croissance a été rapide, qu'il faut agir avec prudence, si l'on veut les fortifier en général avant d'agir sur une partie séparément. Chez les individus de cette conformation, les muscles et les ligaments articulaires qui font mouvoir les différentes pièces du squelette, n'ayant pas acquis un développement proportionné à celui des os, ces sujets sont incapables de résister à une traction des bras un peu violente, ou à un élan un peu fort produit par la contraction et l'extension subite des muscles et des articulations des extrémités inférieures, sans en éprouver une grande lassitude et même des douleurs; ce n'est donc qu'après les avoir soumis aux exercices généraux qui ont pour but immédiat de fortifier toutes les parties du corps également, que l'on doit faire avec de semblables élèves ceux qui ont pour but unique de faire fortifier la partie affaiblie. C'est surtout pour des sujets de cette constitution que nos exercices élémentaires, que l'on fait sans instruments, sont précieux.

Ces exercices progressifs bien suivis, en distribuant d'une manière égale toutes les parties assimilatrices, maintiennent dans une relation convenable l'accroissement des différentes parties du corps, et empêchent ainsi une croissance trop rapide.

Chez les jeunes gens d'une bonne constitution, lorsqu'ils n'ont pas encore atteint leur entier développement, six semaines de leçons de callisthénie bien suivies suffisent ordinairement pour guérir cette difformité.

L'élève étant couchée horizontalement sur le pliant, les mouvements coïncidents de natation des bras, ainsi que l'exercice à la poulie, l'anneau placé sur la poitrine, peuvent être employés avantageusement comme auxiliaires.

Pour des élèves robustes, on peut sans inconvénient doubler le poids et la durée de l'exercice.

5ᵉ Exercice.

Déviation latérale ou cervico-dorsale.

Celles-ci produisent, sur la conformation de la poitrine et de l'abdomen, des effets plus nuisibles encore que les précédentes; elles occasionnent dans toutes les fonctions de l'économie les désordres les plus graves. Elles se montrent ordinairement depuis la septième à la quinzième année; et c'est surtout au moment où la nature fait un dernier effort pour compléter le développement de l'individu, que l'action inégale des muscles détermine cette difformité avec une rapidité effrayante. Faciles à guérir dans l'origine, elles sont rebelles et quelquefois incurables chez les adultes. On reconnaît les premiers symptômes de cette déviation dans un développement musculaire plus prononcé généralement de la droite, lorsque le sujet est droitier.

Dans les commencements, les vertèbres cervicales sont très peu inclinées de ce côté; l'épaule gauche est déjà plus faible, mais elle n'est pas encore affaissée.

Pour rétablir l'équilibre, il faut augmenter la vigueur des muscles qui de l'épaule gauche vont à la partie concave de l'épine, afin qu'ils s'opposent à l'action de ceux qui, par un développement exclusif, ont déterminé la convexité de la courbure.

Afin de remplir cette indication, il faut, pendant la leçon de callisthénie que l'on donne aux sujets affectés de cette difformité :

1° Leur faire exécuter une fois plus d'exercices de la main gauche que de la main droite ;

2° Les fixer seulement par la main gauche, les ongles en avant, au milieu du bâton du triangle, que l'on place à la hauteur du front de l'élève ; leur faire exécuter, ainsi fixés sans interruption, tous les exercices des extrémités inférieures ;

3° Excepté l'écriture, exiger que le sujet fasse tout de la main gauche.

Ces moyens simples, qui nous ont toujours réussi avec de jeunes sujets affectés de cette difformité, présente le double avantage de rendre ambidextre, et par-là d'empêcher une récidive.

Au cas où l'on croirait ces exercices insuffisants pour ramener promptement les parties dans leur état normal, on peut avoir recours aux exercices de la poulie. Pour exécuter à cet instrument celui que nous allons décrire, on attache, au bout libre de la corde, une double poignée (voyez *fig.* 9, *pl.* 6) ; on fixe la poulie à la hauteur de la poitrine de l'élève ; on place celle-ci à un pas de distance de la poulie, dans la position indiquée aux exercices élémentaires, le bras droit replié sur les reins.

Les choses ainsi disposées, l'élève saisit la poignée à pleine main, le pouce en dessus, tire à elle doucement, sans faire

aucun mouvement du corps, jusqu'à ce que le coude se trouve
en arrière de la hanche, la main placée le long des côtes ;
elle reprend doucement, par un mouvement inverse, la première position, et continué cet exercice sans saccades, et à
temps égaux.

Pour des adolescentes, on observe ici les mêmes règles et
la même gradation que dans les exercices précédents ; pour
des adultes, on augmente le poids et la durée de l'exercice
en proportion de leurs forces. La moyenne, pour celles-ci,
est un poids de huit livres et une heure d'exercice chaque
fois.

Afin de ne provoquer que le jeu des organes que l'on veut
fortifier exclusivement, il faut que les exercices spéciaux que
nous venons d'indiquer soient exécutés avec beaucoup de régularité, suivis avec persévérance, et que, pendant la durée
de l'exercice, la position de l'élève soit invariable, la traction toujours exécutée dans le même sens, à temps égaux et
sans saccades.

Le commencement de la déviation dont nous venons de
parler se rencontre le plus fréquemment chez les jeunes filles
de la classe aisée, où le luxe, la mollesse et l'inaction musculaire font languir toutes les fonctions viscérales. Les animaux les plus vigoureux dégénèrent par les mêmes causes.
Il est donc de la plus grande importance de faire prendre de
bonne heure, aux enfants de cette classe, de bonnes habitudes, une position aisée, lorsque l'on est dans le cas, comme
cela a lieu dans la plupart des pensions, de les assujettir, de
les forcer même à un travail toujours trop prolongé pour
leur âge.

Nous le répétons encore : une fois convaincu que c'est l'action irrégulière des muscles qui a déterminé la difformité
dont il est ici question, il faut tout employer pour la guérir

avant que la nature ait fait un dernier effort pour compléter l'entier développement de l'individu.

Nous pourrions encore indiquer ici une foule d'exercices comme moyens auxiliaires propres à guérir les difformités dont nous avons parlé, citer un grand nombre d'individus guéris par nos procédés, invoquer le témoignage de médecins respectables et justement célèbres. Mais à quoi bon multiplier ces exercices, lorsqu'un petit nombre suffit pour obtenir le résultat désiré ?

Si, dans cet ouvrage, nous nous sommes appuyé de l'opinion des médecins qui ont su le mieux apprécier tout le parti que l'on pouvait tirer des exercices corporels bien dirigés, c'est parce que nous sommes convaincu qu'aux yeux du public, de semblables autorités ont encore plus de poids que les faits eux-mêmes.

TRAITEMENT

OPÉRÉ A BESANÇON, EN 1842,

SUR DEUX ENFANTS RACHITIQUES

DONT LA MALADIE ÉTAIT COMPLIQUÉE

D'UNE ÉRUPTION CUTANÉE.

Dans tous les pays où nous avons introduit notre méthode de somascétique, nous avons été appelé par les médecins les plus distingués à donner des soins orthopédiques à des sujets affectés d'une déviation de la colonne vertébrale, de rhumatisme opiniâtre, de rachitisme et même de paralysie. Les résultats d'une longue pratique, les succès constants obtenus, même dans des cas fort difficiles, nous permettent de croire que nous faisons une œuvre utile en répandant la connaissance de nos procédés pour guérir ces maladies en très peu de temps et d'une manière fort simple. L'exposition d'un fait tout récent, et bien constaté par les principaux médecins de Besançon, suffira pour conduire le lecteur à une juste appréciation de notre méthode.

Quant aux faits antérieurs produits par l'emploi de cette méthode, je renvoie ceux qui veulent en prendre connaissance à l'ouvrage orthopédique des docteurs Shaw et Ward, en anglais, à celui des docteurs Pravaz et Delpèche, au *Journal de médecine* de Londres (*The Lancette*), mars 1824; au *Dictionnaire des sciences médicales*, tome 52, art. 1er, *Somascétique*, au n° 11; *Revue encyclopédique*.

Voici d'abord quelques détails sur l'état dans lequel se trouvaient le 18 avril, lorsque le traitement commença, les deux enfants dont nous avons parlé.

La fille, âgée de sept ans, avait encore toutes ses dents de lait; habituellement d'une humeur fort triste, lorsqu'on la touchait, des douleurs violentes lui arrachaient des cris. Une insomnie habituelle, une digestion difficile, de la fièvre, et une forte chaleur à la tête, la faisaient beaucoup souffrir. Le ventre, volumineux et fortement tendu, tombait sur les cuisses. Les extrémités inférieures, habituellement froides, étaient contractées et pendaient au tronc comme celles d'une poupée faite avec des chiffons.

Les côtes étaient soulevées à leur extrémité, la poitrine faisait une saillie en avant; les os des bras, des cuisses et des jambes étaient fortement courbés en avant; toutes les articulations des membres étaient nouées; les clavicules recourbées formaient une espèce de collier. On remarquait, depuis le coxis jusqu'à la basilaire, une élévation considérable, douloureuse au toucher. La peau était terreuse, fort sèche, et ridée dans plusieurs endroits. La force d'oclusion des mains était presque nulle. L'enfant pouvait à peine tenir un morceau de pain. Elle ne pouvait, sans être aidée, changer de position dans son lit.

Le garçon, âgé de six ans, était couvert d'une éruption cutanée qui durait depuis plusieurs années. Cette infirmité s'étendait depuis la région lombaire, occupant tout le dos, et se prolongeait jusqu'à la tête, complétement dépourvue de cheveux, et couverte d'une croûte très épaisse, d'où suintait, par des crevasses, une matière d'une odeur fétide.

Plusieurs médecins avaient cru reconnaître la teigne dans

cette maladie opiniâtre, et on n'avait rien fait pour la combattre.

Ces deux pauvres enfants, appartenant à des parents indigents, obligés de travailler toute la journée pour se procurer leur subsistance, étaient abandonnés dans ce déplorable état.

Comme ils n'avaient obtenu aucune amélioration des remèdes ordinaires que la charité leur donnait, on voulut essayer de leur procurer au moins quelque soulagement en combinant le massage, les frictions, l'emploi de la roulette (1) (voyez *pl.* 6), de la tapette (2), des exercices et des bains. Le premier jour, la friction (3) et le massage furent pratiqués sur les reins seulement, et avec beaucoup de précaution. C'était alors la seule partie du corps où ces enfants n'éprouvassent pas de douleur lorsqu'on les touchait.

Quelques jours après, on commença avec précaution, et aussi légèrement que possible, la même opération à la poitrine, à l'estomac et à l'abdomen, sur lequel, après une friction très douce, on promenait les doigts en les faisant mouvoir avec beaucoup de délicatesse comme sur les touches d'un clavier.

---

(1) Instrument représenté *pl.* 6, que l'on promène avec plus ou moins de force et de vitesse sur les muscles, premièrement dans leur longueur, ensuite en travers.

On s'en sert ordinairement après la tapette.

(2) Mouvement rapide des deux mains que l'on promène sur le corps en frappant de petits coups avec le plat de la main. Lorsqu'elle n'est pas sèche, la main est préférable à tout autre instrument.

(3) Il est indispensable d'employer dans les frictions une graisse quelconque, parce que la texture de la peau des enfants est si délicate, que le moindre frottement un peu prolongé l'enflamme et l'excorie, particulièrement dans l état de sécheresse où elle se trouve habituellement chez les enfants rachitiques.

Il est essentiel d'observer que, pour être salutaires dans le commencement, ces manipulations ne doivent produire que des commotions très douces, et que ce n'est qu'à la suite de faibles ébranlements, imprimés peu à peu et sans violence, à des membres dépourvus de force et atrophiés, que l'on peut essayer quelques exercices.

Alors seulement, chez les enfants dont il est ici question, le massage, les frictions générales, l'emploi de la roulette, la tapette, ranimèrent promptement l'action vitale et suscitèrent des changements qui étonnèrent beaucoup de personnes.

La contraction musculaire qu'occasionnaient les exercices répétés plusieurs fois par jour, amena en trois semaines une diminution remarquable de l'abdomen et quelques mouvements bien prononcés dans les extrémités inférieures.

Les organes assoupis, les vaisseaux absorbants, qui avaient été long-temps dans la stupeur et l'inaction, reprirent une activité surprenante.

Ces enfants n'avaient plus de douleurs, ils étaient gais, dormaient bien et long-temps, avaient bon appétit, une digestion facile, se tournaient seuls dans le lit, et commençaient d'eux-mêmes à mouvoir leurs membres.

L'éruption cutanée, dont le garçon était affecté au commencement, et qui le faisait beaucoup souffrir, diminuait tous les jours, remontant vers la tête au fur et à mesure que son état s'améliorait. Elle n'occupait plus alors qu'une partie de la nuque. Sur la tête, des cheveux commençaient à percer; les démangeaisons étaient moins violentes.

Après un mois de traitement suivi avec persévérance et sans interruption, il nous parut indispensable, afin d'obtenir des résultats encore plus marquants, de développer le jeu normal de tous les muscles par de nouveaux procédés. A l'opération principale, le massage, les frictions, la roulette, la tapette, succédaient des exercices réguliers et suivis.

1. Couché sur le dos, l'enfant, fixé aux mains de l'aide, s'assied et se replace sur le dos plusieurs fois de suite, doucement et sans secousse.

2. Il lève doucement la jambe, en l'étendant vers le plafond, et la pose lentement.

3. Il fait le même mouvement des deux jambes alternativement.

4. Il donne à ses bras un mouvement analogue à celui qu'il a imprimé à ses jambes.

5. Il lève et baisse les deux jambes à la fois.

6. Il prend son point d'appui au sommet de la tête, sur les mains, qui sont placées de chaque côté du corps, sur les reins et sur les talons; il fait glisser de cette manière le corps sur un plan incliné.

7. Il remonte sur ce plan par un mouvement inverse.

8. Placé sur le ventre, il descend sur le plan incliné, en s'appuyant sur les mains et sur les genoux.

9. Il remonte en agissant en sens inverse.

10. Il se roule sur une surface horizontale de gauche à droite, prenant un point d'appui sur la hanche et le coude du même côté, et par la traction du bras qui se trouve libre, en se fixant à la main de l'aide ou aux objets environnants.

11. Le même exercice de droite à gauche.

12. Dès que l'enfant a fait quelques progrès, il exécute le même exercice sur un plan qui présente deux surfaces inclinées vers la base.

On place l'enfant sur le sommet, d'où son propre poids l'entraîne bientôt sans effort de sa part. Il n'en est pas de même pour revenir au point d'où il est parti, afin de recommencer.

Comme cet exercice amuse l'enfant, on peut sans inconvénient le lui laisser répéter jusqu'à la fatigue.

13. L'enfant s'assied; on lui donne les mains, il se lève et se rassied. Cet exercice se fait plusieurs fois.

14. On fait marcher l'enfant, après lui avoir placé les mains sur le dos d'une chaise ou d'un petit char que l'on meut doucement en avant.

15. Le même exercice en donnant à l'enfant un point d'appui sur un bâton qu'il tient des deux mains, les ongles en dessous.

Ici l'aide place l'une de ses mains entre celles de l'enfant et va en reculant.

16. L'on peut commencer maintenant à laisser l'enfant marcher seul le long d'un lit ou d'un mur, en le surveillant.

17. Afin de donner à volonté, d'une manière sûre et agréable, beaucoup de jeu à toutes les articulations, et de fortifier en même temps les extenseurs du dos et ceux des extrémités inférieures, on place l'enfant accroupi sur la planche élastique représentée *pl.* 6, *lettre* H (1), on lui donne pour point d'appui des mains un bâton que l'on tient par les deux bouts, et, en l'aidant sans qu'il s'en aperçoive, on l'engage à se lever et à s'accroupir alternativement en prenant son point d'appui sur le bâton et sur la planche.

Le point d'appui des pieds, cédant en proportion de la traction des bras, communique un mouvement d'ascension plus ou moins prononcé.

L'enfant accroupi est obligé, pour se lever, de contracter

---

(1) Planche de frêne de deux mètres de longueur sur deux pieds de largeur et un demi-pouce d'épaisseur, fixée dans le mur et supportée dessous par un morceau de bois.

successivement tous les muscles extenseurs du dos et ceux des extrémités inférieures. Les premières fois, cet exercice doit se faire lentement, sans secousse ; et, tandis que l'enfant se redresse, il faut lui donner le temps de trouver et d'établir son point de fixité.

Il faut laisser entre chaque mouvement un assez grand intervalle, afin que les muscles, qui n'ont pas encore assez de vigueur pour produire et soutenir l'ascension, puissent, pendant ce repos momentané, reprendre une nouvelle énergie. Dans la suite, on diminue la longueur de cet intervalle à proportion des progrès de l'enfant ; et ce n'est qu'après avoir fait cet exercice pendant plusieurs jours, et que l'on a reconnu que l'enfant est capable de se tenir seul, que l'on passe au suivant. Quand l'enfant est habitué à faire l'exercice précédent, on peut sans inconvénient le lui faire répéter seul. On lui place les mains sur le bâton du triangle représenté *pl. 6, lettre* I. Au ressort d'acier l'on peut substituer une perche de coudrier ou de frêne blanc, que l'on fixe par le milieu au plafond, à l'aide d'un anneau de fer.

La première fois que l'enfant s'exerce seul à cet appareil, l'aide se place derrière lui et le soutient par les reins.

Aux exercices que nous venons de décrire, succèdent dans l'ordre où ils sont classés, les six premiers exercices des extrémités inférieures, *s'asseoir à terre* et *se relever*, et continuez toute la série.

Au 1er juillet 1842, le traitement dont il est ici question présentait les résultats suivants :

La fille, dont plusieurs dents sont tombées, a de belles couleurs et de l'embonpoint ; gaie et vive, elle est presque toujours en mouvement.

Elle descend seule d'un grand lit pour courir dans la chambre, et remonte aussi seule en s'aidant d'une chaise.

Le garçon, quoique moins vif que la fille, fait aussi les exercices que celle-ci exécute. Il jouit de la même santé. Sa tête, où il n'y a plus que quelques croûtes, est couverte de cheveux.

Il est essentiel d'observer qu'excepté un rhume qui a peu duré, ces enfants n'ont eu aucune indisposition pendant tout le traitement.

Ils prenaient des bains tièdes tous les deux jours (1).

---

(1) Au moment de la publication de cet ouvrage, les enfants dont il est ici question continuent à bien marcher; ils jouissent d'une bonne santé. Le garçon, dont la tête est recouverte d'une forte chevelure, a grandi de deux pouces, et ses jambes sont presque droites.

FIN.

TABLE.

	Pages.
INTRODUCTION.	I
Considérations hygiéniques.	XVIII
Extrait d'un rapport fait à M. le ministre de l'instruction publique, par M. le préfet du Doubs, le 21 avril 1842.	XXVII
Rapport adressé à M. le ministre de l'instruction publique, par M. le recteur de l'académie de Besançon, le 8 avril 1842.	XXIX
Appendice.	XXXI

SOMASCÉTIQUE NATURELLE.

De l'éducation physique de la première enfance.	1
Des moyens conseillés pour la première époque de la vie.	3

CALLISTHÉNIE.

CHAPITRE PREMIER. — *Exercices des extrémités inférieures.*	45
De la marche, de la course et du saut.	Ibid.
Première section. — De la marche en général.	46
Explication des mouvements préparatoires.	53
Deuxième section. — De la course.	67
Explication des mouvements préparatoires.	69
Troisième section. — Du saut en général.	75
Du saut proprement dit.	76
Exercices préparatoires.	Ibid.
CHAP. II. — *Exercices des extrémités supérieures.*	88
Première section. — Mouvements des bras.	Ibid.
Deuxième section. — Mouvements avec instruments.	100
Exercices de la canne.	Ibid.
Jeu du cerceau.	103
Jeu de paume.	Ibid.
CHAP. III. — *Exercices compliqués.*	109
Première section. — Mouvements sans instruments.	Ibid.
Deuxième section. — Exercices compliqués avec la canne.	113
Continuation des exercices compliqués.	115
Troisième section. — Triangle mouvant.	120

	Pages.
Chap. IV. — *Éléments de voltige.*	133
Chap. V. — *Natation.*	138
Lieu convenable pour une école de natation. — Appareils pour enseigner à nager d'après le nouveau système.	144
Traitement des courbures de la colonne vertébrale, occasionnées par une action irrégulière des muscles.	147
Traitement opéré à Besançon, en 1842, sur deux enfants rachitiques dont la maladie était compliquée d'une éruption cutanée.	159

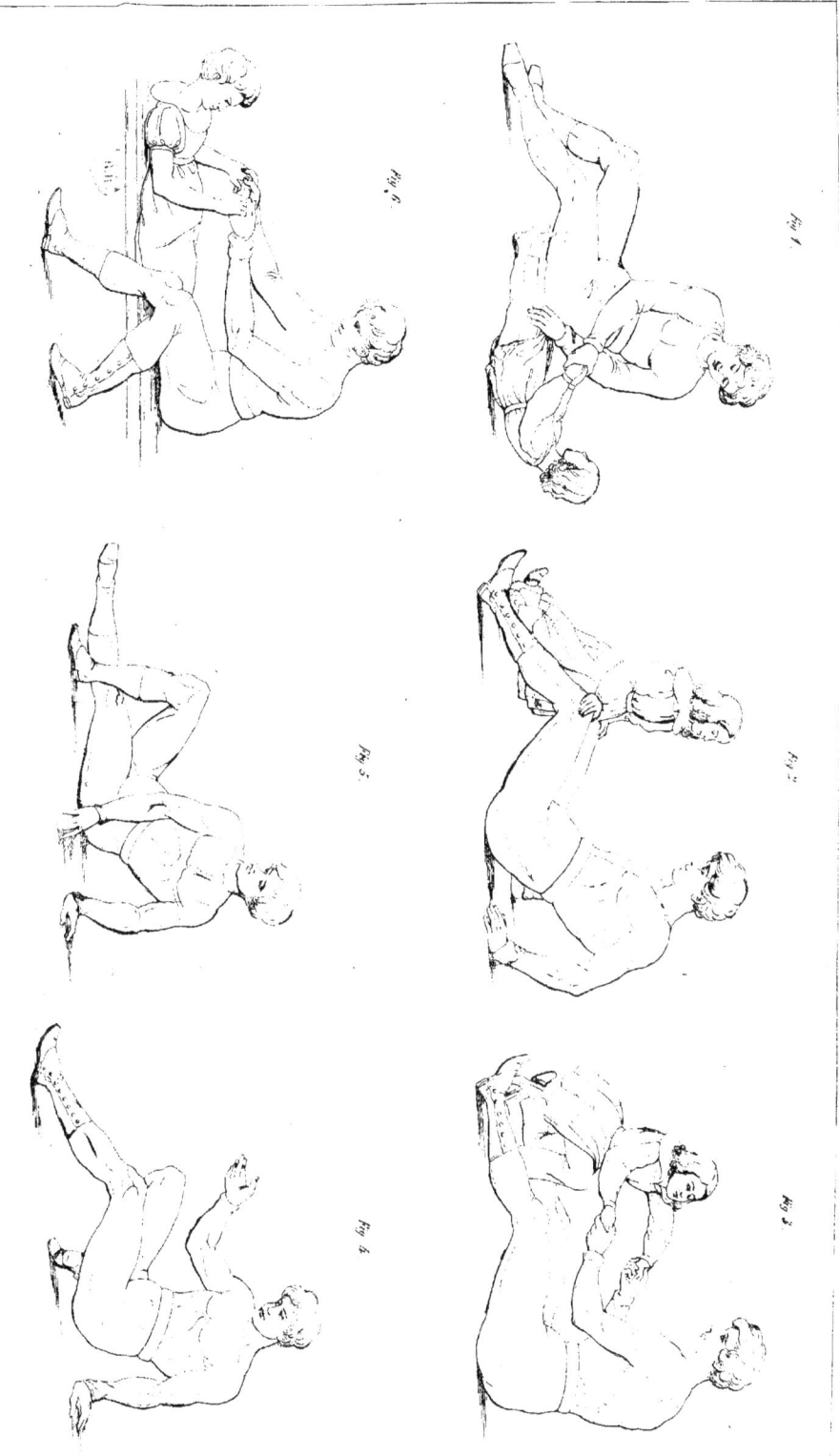

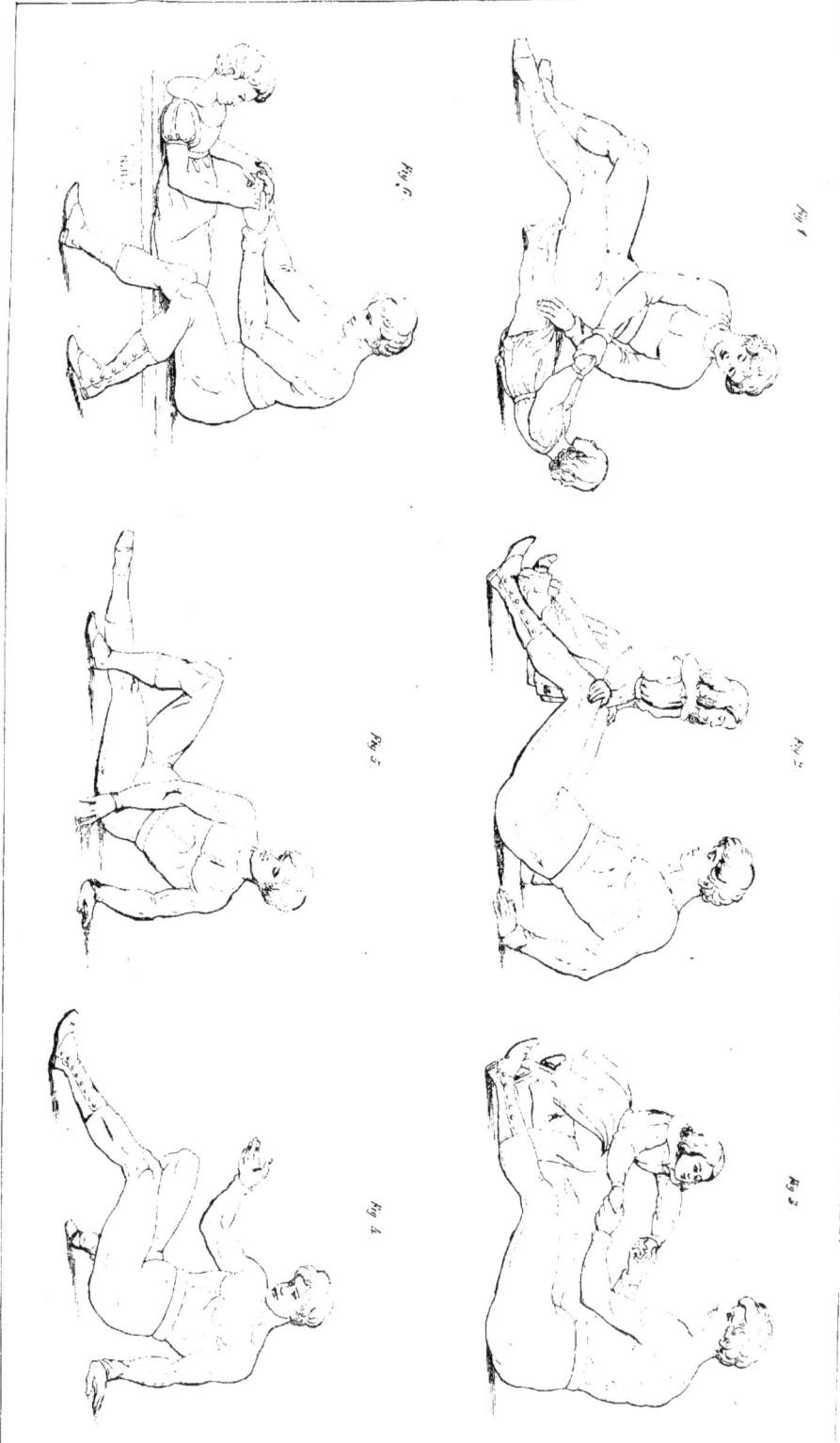

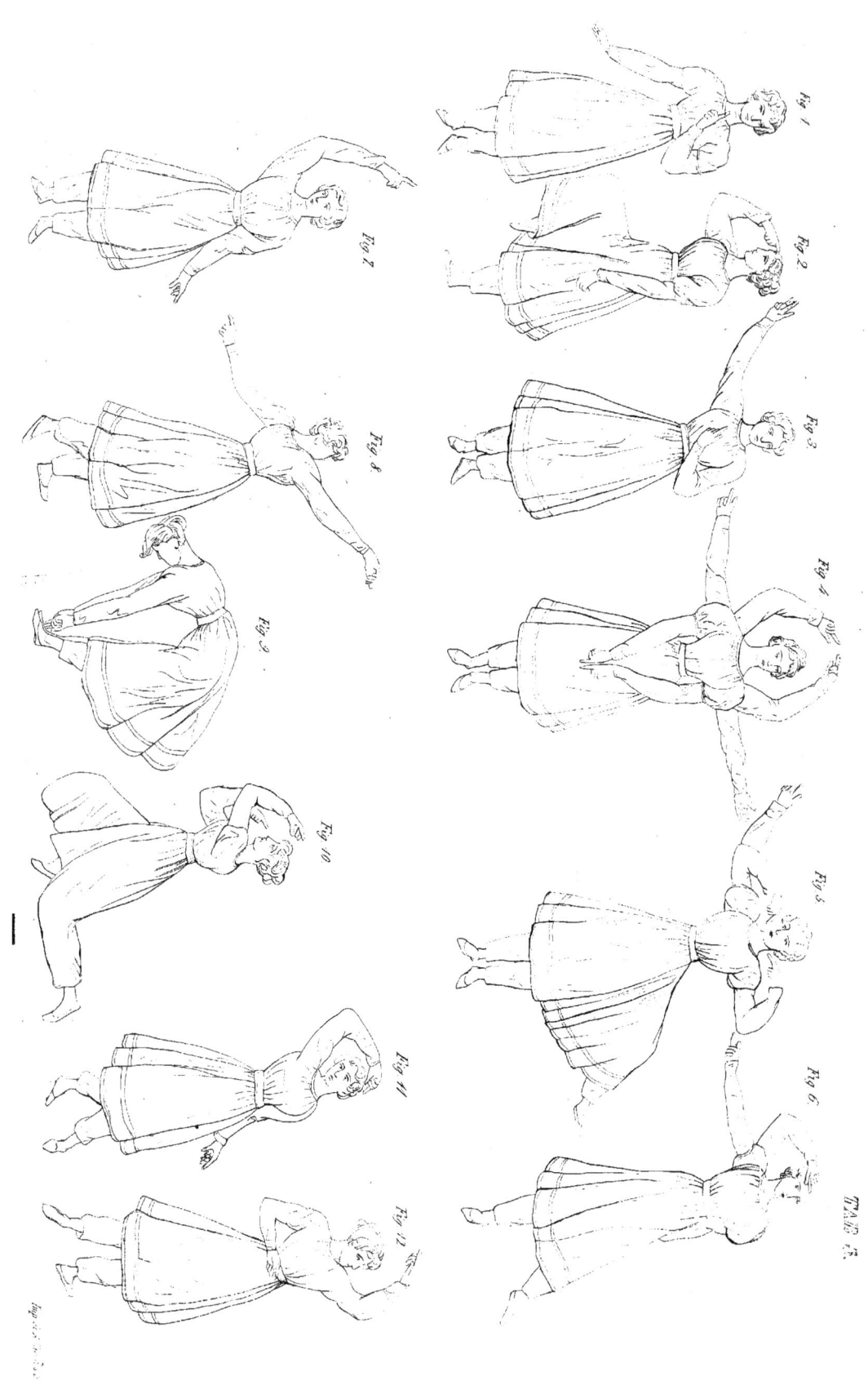

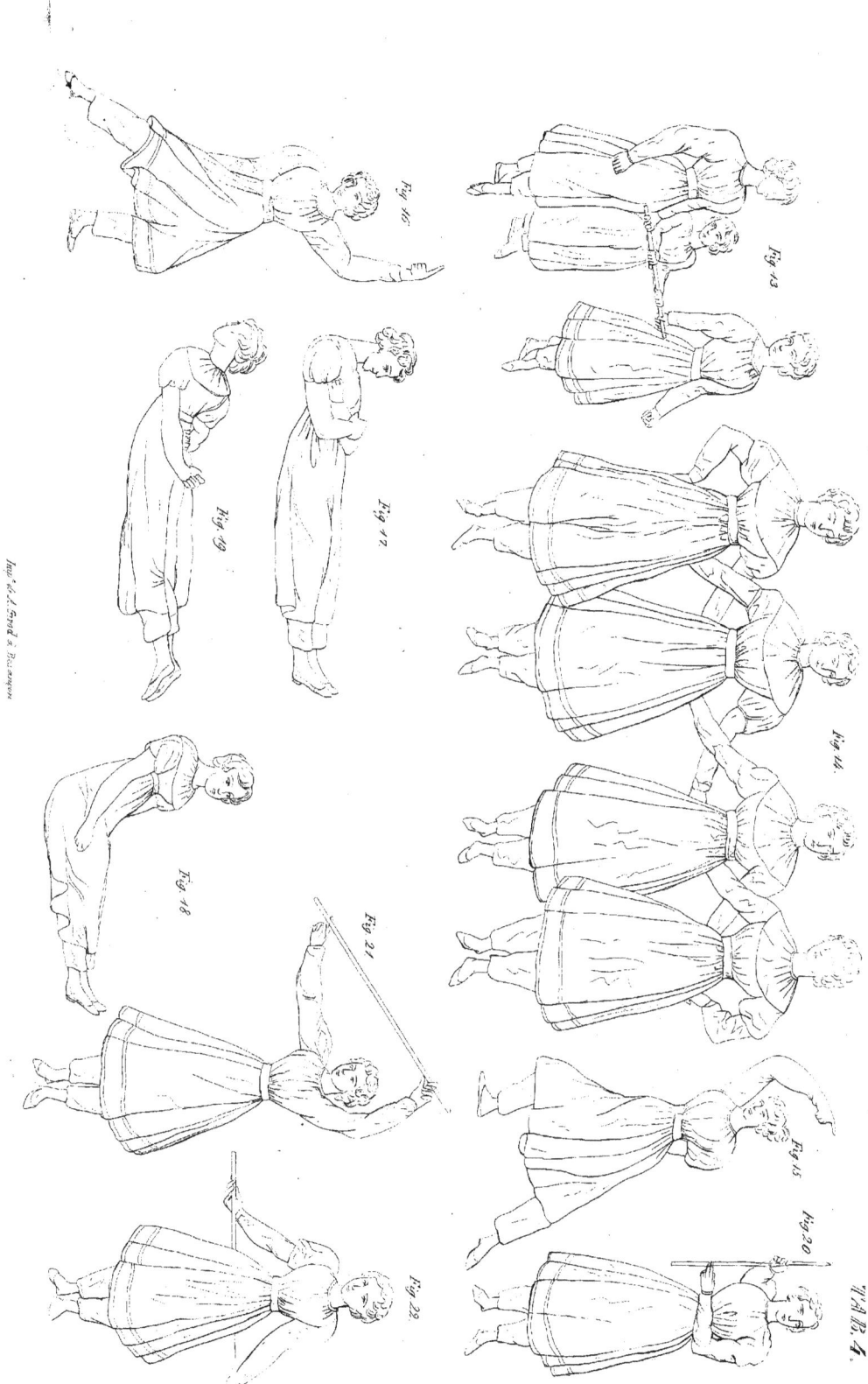

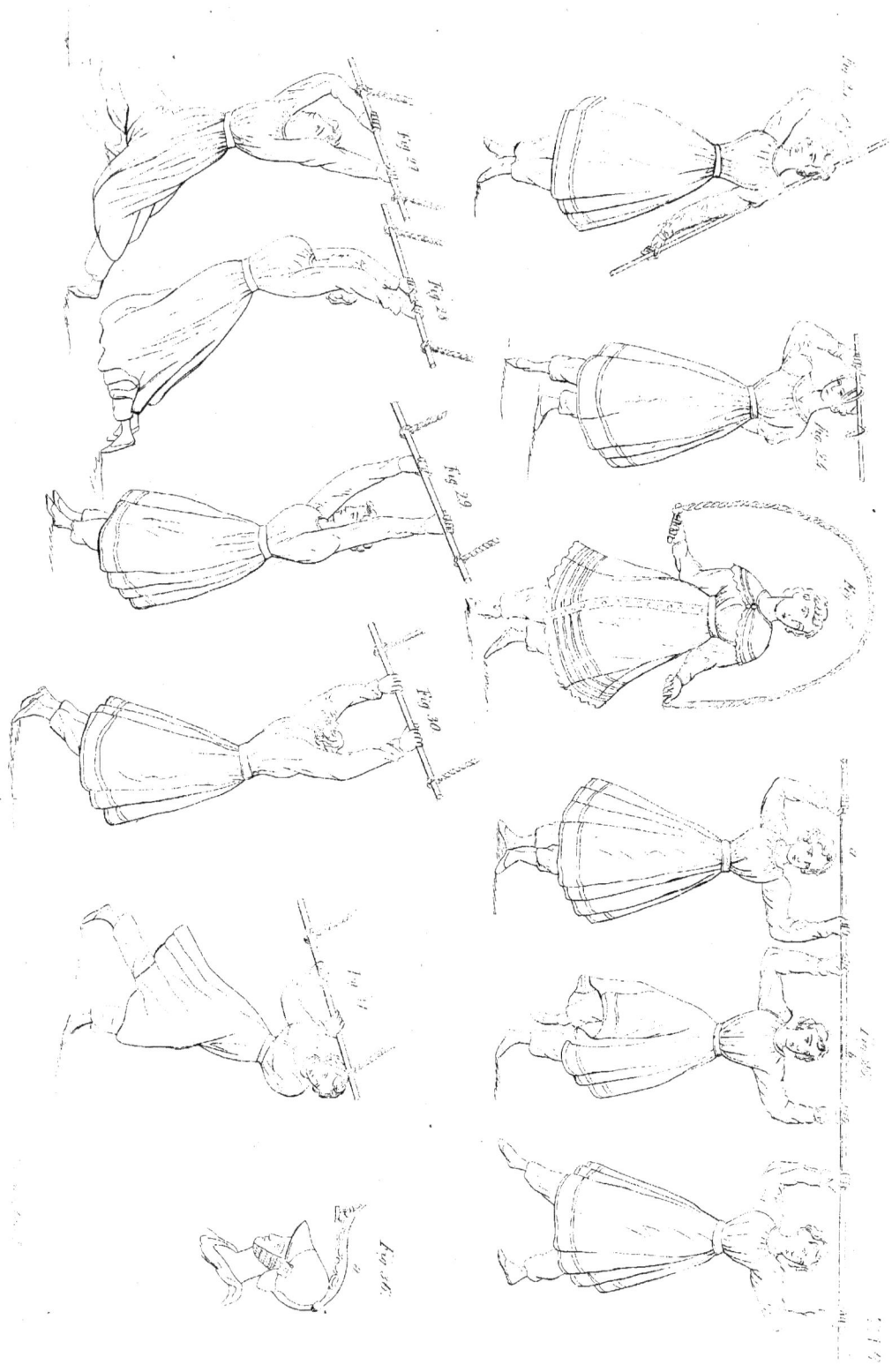

Fig. 23.

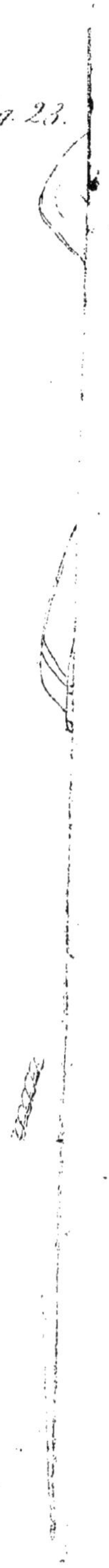

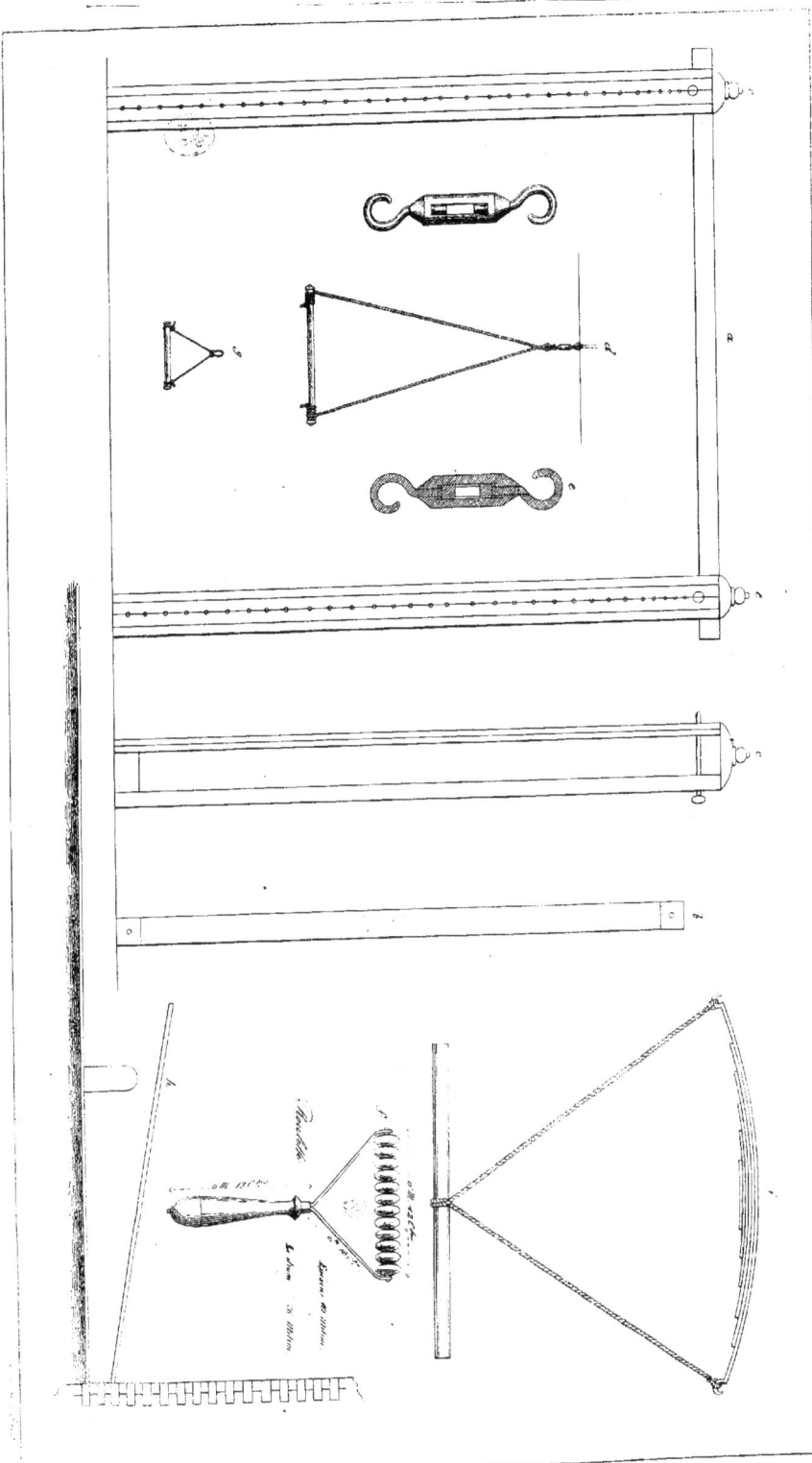

www.ingramcontent.com/pod-product-compliance
Lightning Source LLC
Chambersburg PA
CBHW060124170426
43198CB00010B/1027